El hinduismo

Swami Satyananda Saraswati

EL HINDUISMO

FRAGMENTA EDITORIAL

Título original	L'HINDUISME
Publicado por	FRAGMENTA EDITORIAL, S. L. U.
	Plaça del Nord, 4
	08024 Barcelona
	www.fragmenta.es
	fragmenta@fragmenta.es
Colección	FRAGMENTOS, 26
Traducción del catalán	CARLA ROS
Primera edición	SEPTIEMBRE DEL 2014
Primera reimpresión	JULIO DEL 2015
Segunda reimpresión	JUNIO DEL 2018
Producción editorial	IGNASI MORETA
Producción gráfica	INÊS CASTEL-BRANCO
Revisión del texto	ORIOL CENDRA
Impresión y encuadernación	ROMANYÀ VALLS, S. A.
© 2012	SWAMI SATYANANDA SARASWATI
	por el texto
© 2014	CARLA ROS TUSQUETS
	por la traducción del catalán
© 2013	ADVAITAVIDYA
	por la fotografía de la solapa
© 2014	FRAGMENTA EDITORIAL, S. L. U.
	por esta edición
Dipósito legal	B. 16.282-2014
ISBN	978-84-15518-04-4

Generalitat de Catalunya
Departament de Cultura — Con el apoyo del Departament de Cultura

institut ramon llull
Lengua y cultura catalanas — La traducción de esta obra ha contado con una ayuda del Institut Ramon Llull

RESERVADOS TODOS LOS DERECHOS

ÍNDICE

Introducción   7

I   SANATANA DHARMA   11
1   El hinduismo   13
2   ¿Quién es hindú?   15

II   SHRUTI   21
1   Los Vedas   21
     El Nasadiya Sukta   30
     El Purusha Sukta   31
2   Las Upanishads   35

III   SMRITI   47
1   Itihasa   47
     El Ramayana   48
     El Mahabharata   55
     La Bhagavad-gita   62
2   Los Puranas   66
3   Los Dharma Shastras   71
4   Vedangas y Upavedas   75

IV   SHAD DARSHANA. LAS SEIS VISIONES O SISTEMAS FILOSÓFICOS   79

V	**LA SACRALIDAD DE LA VIDA. LA VIDA COMO CAMINO HACIA LO ABSOLUTO**	85
1	Los cuatro *purusharthas*: fines de la vida	85
2	Los cuatro *ashramas*: estadios de la vida	89
3	Las cinco *yajñas*: ofrendas rituales	93
4	Los *samskaras*: rituales de purificación o ritos de paso	95
VI	**MARGA. LOS CAMINOS**	101
1	El yoga	104
	El Raja Yoga: el camino de la concentración y la meditación	106
	El Bhakti Yoga: el camino de la devoción y el amor a la divinidad	116
	El Karma Yoga: el camino de la acción	121
	El Hatha Yoga: el camino de la purificación y el esfuerzo	123
	El Jñana Yoga: el camino del conocimiento	124
2	El tantra	127
3	A modo de conclusión	132
VII	**CULTO, TEMPLO Y PEREGRINACIÓN**	135
1	La *puja*, el ritual de adoración	136
2	El templo	138
3	La peregrinación	140
VIII	**HINDUISMO Y MUNDO MODERNO**	143
	Epílogo	145
	Cronología	147
	Celebraciones	151
	Glosario	155
	Bibliografía comentada	161

INTRODUCCIÓN

El hinduismo es la tradición espiritual y metafísica, aún viva, más antigua de la Tierra. Su esencia se ha mantenido hasta nuestros días, y en todo momento ha acogido la auténtica aspiración del ser humano de reconocer la propia Realidad trascendente.

Para el hinduismo, la esencia de todo ser es *sat-chit-ananda*, existencia, conciencia y dicha absolutas. El reconocimiento de esta Realidad esencial es el hecho más importante y la culminación de la vida del ser humano. La siguiente plegaria védica, recitada hoy día tal como se ha hecho a lo largo de miles de años, es la mejor descripción de esta sincera aspiración:

Asato ma sadgamaya
Tamaso ma jyotirgamaya
Mrityor ma amritam gamaya.

Condúceme de la irrealidad a la Realidad.
Condúceme de la oscuridad a la Luz.
Condúceme de la muerte a la Inmortalidad.[1]

---

[1] Brihadaranyaka-upanishad, I-III-28.

Asat significa irreal, falso e impermanente; *sat* es la Existencia Absoluta, eterna e inalterable. *Tamas* es la oscuridad, la ignorancia, la opacidad; *jyotih* es la luz del Ser, la luz de Aquello que es real. *Mrityu* es la muerte, la temporalidad, el mundo del cambio y del devenir; *amritam* es la inmortalidad, el gran néctar, el reconocimiento de la Realidad trascendental de nuestra esencia, la esencia de todo.

A lo largo de los milenios, y según las necesidades de cada momento, la tradición hindú ha adquirido diferentes formas. El hinduismo contiene en sí el camino solitario del yogui y la austeridad del asceta, así como el camino de aquellas personas sumidas en las responsabilidades familiares y sociales. El hinduismo acompaña al asceta en la contemplación profunda y radical del hecho de que la totalidad del mundo fenoménico de los nombres y las formas es algo sin sustancia ni realidad en sí mismo, *asat*, no real; y a la vez guía al adepto en la contemplación del reconocimiento de que la totalidad del universo es la maravillosa manifestación de la danza extática de la *shakti* o energía divina y primordial.

La aceptación de las diferentes constituciones internas de los seres humanos, así como la multiplicidad de caminos adecuados para esas variadas potencialidades humanas, es una de las grandezas del hinduismo. Hay que tener presente que el hinduismo no depende de ningún mesías ni profeta, ni de la historicidad de persona alguna. Tampoco depende de un único libro sagrado (a pesar del respeto que se les otorga a los Vedas), ni de una única doctrina o dogma, ni de un único culto, práctica o camino; ni tan solo depende de una sola forma de entender la Realidad.

En la raíz misma del hinduismo se halla el profundo reconocimiento de la sacralidad de toda forma, nombre, acción y ser; la sacralidad del universo, la tierra, la naturaleza, los animales, los árboles, los ríos y las montañas; y, conviene resaltarlo, la sacralidad de nuestra propia esencia, el reconocimiento de que la totalidad del cosmos es el reflejo de la Realidad absoluta.

El hinduismo, por su riqueza metafísica, por su falta de limitaciones dogmáticas y por su extraordinaria amplitud, se entiende poco en Occidente, donde eruditos e indólogos con frecuencia lo estudian a través de patrones conceptuales que le son totalmente ajenos. Querer comprender o presentar, aunque sea mínimamente, esta imponente y variada tradición espiritual en un breve ensayo como este es un gran reto. Recordemos las palabras poéticas de Pushpadanta, gran devoto de Shiva, que en su conocido himno «Shiva Mahimna Stotra» ('Himno a la gloria de Shiva'), queriendo expresar la grandeza y sublimidad de su adorado Señor, escribe:

> Si la montaña azul fuera toda tinta, el océano entero fuera un tintero, una rama del árbol celestial fuera la pluma, la totalidad de la tierra fuera la hoja sobre la cual escribir, y si con todo esto, Saraswati, diosa de la sabiduría, escribiera eternamente, oh, Señor, ni tan solo así, podría expresarse el límite de Tus virtudes.

En las páginas que siguen nos basaremos en las escrituras, los textos y las escuelas que tienen más relevancia en el hinduismo védico, así como en las enseñanzas de los *mahatmas* o sabios que, a lo largo de los milenios, han sido el corazón siempre vivo de esta tradición. Aunque hay numerosas traducciones en lenguas europeas de estas enseñanzas, en esta obra hemos optado casi siempre por aportar una traducción propia con la voluntad de mantenernos fieles al sánscrito original.

Finalmente, es necesario tomar conciencia de que la tradición hindú otorga el mismo valor al mito que a la historia. La narración es una forma de contemplar y comprender la realidad alejada del racionalismo occidental. Será asimismo una de las formas utilizadas en este libro. Nuestro deseo a lo largo del texto es que la misma tradición hindú se exprese a través de sus propias fuentes y de su propia visión y luz.

Si este libro es capaz de mostrar una pequeña chispa del resplandor del inmenso Sol del Conocimiento que es el hinduismo, nos daremos por satisfechos.

I

SANATANA DHARMA

El verdadero nombre de lo que hoy llamamos hinduismo es *Sanatana Dharma*, el orden eterno, la ley perenne, el camino eterno. La palabra sánscrita *sanatana* significa 'eterno, perenne, primordial'. Adentrarnos en la comprensión del hinduismo es adentrarnos en el reconocimiento del orden y el ritmo de la manifestación del cosmos, así como en el reconocimiento de aquello que existe más allá de esta manifestación.

Rita es otra voz clave para comprender la profundidad de la tradición hindú. Significa 'la armonía del cosmos', 'el orden del cosmos', y es un término muy utilizado en los Vedas, especialmente en el Rig-veda y en el Yajur-veda. La base del hinduismo es el reconocimiento de este *rita* u orden cósmico y de cómo se expresa en las vidas de los individuos en la forma del *dharma*.

La palabra *dharma* tiene un significado amplio y diferentes connotaciones; de hecho, no existe ningún término capaz de traducirla y captarla adecuadamente. *Dharma* proviene de la raíz *dhr* ('dar apoyo, sostener') y significa 'ley, deber, rectitud, mérito o código de conducta', según el contexto. El *dharma* es el fundamento del universo, una ley cósmica, imprescindible para que el universo se mantenga. En el Mahabharata, el sabio Bhisma afirma: «Es muy difícil definir qué es el *dharma*. Lo beneficioso para el bienestar de todos los seres es ciertamente el *dharma*.»[1] Lo que crea confusión y conflicto es *adharma* (contrario al *dharma*) y lo que conduce a la armonía es *dharma*. El *dharma* es la esencia y el corazón de lo que llamamos hinduismo.

Dharma comporta *achara* o conducta adecuada, es decir, la regulación de ciertas actividades de nuestra vida. Seguir el camino del *dharma* es actuar de manera que las propias acciones sean armoniosas y beneficiosas para los demás y para uno mismo. La acción *dhármica* está en armonía con el orden del universo. El *dharma* es la base de todo orden noble y virtuoso, de todos los aspectos de la vida del ser humano, individualmente y como sociedad, ética y moralmente. Tener conciencia del *dharma* en la vida individual y vivir coherentemente conduce a los seres humanos hacia el «bien más elevado», la liberación o *moksha*. El *dharma* supremo es seguir el camino que nos lleva al reconocimiento del *atman*, la verdadera esencia del individuo. Tal como dice la Mahanarayana Upanishad: «El *dharma* es el medio supremo para la liberación.»

En esta cosmovisión, el universo está totalmente interpenetrado por el *dharma*. Todo lo que existe está interconectado; el cosmos está perfectamente regulado desde Brahman, el Absoluto, pasando por los diferentes niveles de estados sutiles, hasta llegar a la manifestación material más tosca. El *Sanatana Dharma*, el orden eterno, es el reconocimiento de esta visión y del hecho de que toda acción, individual o social, incide en ese orden cósmico.

[1] Shanti PARVA, Mahabharata, 109-9-11.

1 EL HINDUISMO

Las palabras *hindú* o *hinduismo* no se encuentran en ninguno de los textos antiguos tradicionales, y tampoco aparecen en ningún texto sánscrito hasta entrada la Edad Media. *Hindú* es la palabra con la cual los antiguos persas designaron a los habitantes del este del río Sindhu (Indo), que nace en el Tíbet y baja desde el Himalaya hasta los valles de Sind, en el actual Pakistán. La palabra *hindú* tenía en su origen una connotación geográfica y étnica: hacía referencia a los habitantes de Bharata Varsha (India). «Aquella tierra que está al norte de los mares y al sur del Himalaya es Bharat, y sus habitantes son los bharatiyas», según el Vishnu-purana.

Más adelante, en el transcurso de los siglos de invasiones y ocupación musulmanas, se utilizaba la palabra *Al-Hind* para referirse a Bharat (India). A lo largo de ese periodo y sobre todo con la llegada de los ingleses, la palabra *hindú* llegó a connotar la tradición espiritual de los bharatiyas o habitantes de la región. Originalmente, esa designación (*hindú*) incluía todas las denominaciones y órdenes védicas, shivaítas, vishnuitas, shaktas, yoguis, vedantinas, bhaktas, sikhs, etc., y también los sistemas no védicos, como, por ejemplo, budistas y jainistas. En la actualidad, la voz *hindú* se utiliza mucho, y se le atribuye el mismo significado que *Sanatana Dharma*.

El hindú considera que su tradición, basada en el *rita* u orden cósmico, no tiene ni principio ni origen y es inherente a la propia manifestación del cosmos. En la mitología hindú, cuando Brahma, el aspecto creador de la divinidad, crea el universo, primero crea el *dharma*, ya que este es el soporte de todo lo que existe, es la fuerza integradora que impide que la manifestación se torne en caos.

Leamos a uno de los representantes modernos de mayor relevancia de la ortodoxia védica para hacernos una idea de cómo se comprende y vive el hinduismo. En el libro *Dialogues with the Guru*, Chandrashekara Bharati afirma:

> *Hinduismo* es el nombre que se le ha dado a nuestra tradición ahora, pero su nombre real siempre ha sido el de *Sanatana Dharma*, la Ley Eterna o el Orden Eterno. Este orden no tiene fecha de origen ni comienza con fundador particular alguno. Siendo eterno es también universal. No tiene jurisdicción territorial. Todos los seres nacidos y por nacer forman parte de él.[2]

Por esta razón, algunos de los nombres más utilizados desde la Antigüedad para describir el hinduismo son *manava dharma* o *manushya dharma*, el *dharma* del ser humano. *Vaidika dharma*, el camino que tiene como apoyo y guía la revelación de los Vedas, y *arya dharma*, el camino de las personas nobles, son otros de los nombres que lo describen.

Muchos consideran que el jainismo, el budismo y el sikhismo son diferentes aspectos de este inmenso *Sanatana Dharma*, a pesar de que no aceptan plenamente la revelación védica. Dada la inmensidad del hinduismo, nos centraremos en la tradición que se apoya en la guía de los Vedas.

---

[2] R. Krishnaswami AIYAR, *Dialogues with the Guru*, Chetana, Bombay, 1981, p. 2.

2 ¿QUIÉN ES HINDÚ?

El hinduismo jamás se ha preocupado de dar respuestas dogmáticas a la pregunta de quién es hindú. Muchas de las definiciones que se han vuelto corrientes son ajenas al espíritu mismo del hinduismo. A menudo leemos que solo es hindú quien ha nacido dentro del orden social de los *varnas* (castas); también es habitual la idea de que es necesario haber nacido en la India o en el seno de una familia hindú. Otros creen que son hindúes «quienes queman a los muertos», «quienes creen en una preexistencia» o incluso «quienes protegen las vacas y a los brahmanes».

También es bastante común la idea de que el hinduismo es una tradición cerrada y que no puede asimilar nuevos adeptos nacidos en otra tradición o religión. Si bien es cierto que las escrituras originarias del hinduismo no enfatizan ni la conversión ni el proselitismo, no es menos cierto que, tal como indica Swami Satchitananda de Yogaville Ashram, «el hinduismo tiene una larga historia de aceptar a cualquiera que se halle en el camino de la verdad eterna. El hinduismo no discrimina a ningún buscador sincero. Toda persona que esté dedicada a la búsqueda de la verdad eterna es abrazada por el hinduismo.»

Ha sido durante los dos últimos siglos cuando los hindúes se han autodefinido en términos más concretos y menos metafísicos, en un proceso que ha sido fruto de los diferentes conflictos y tensiones causados por la colonización inglesa, la creciente población musulmana, los esfuerzos misioneros del cristianismo y la larga sucesión de gobiernos que desde la independencia de la India hasta ahora se han basado en valores alejados del *dharma*.

Repasaremos muy sumariamente algunas de las respuestas contemporáneas a la pregunta de quién es hindú. Una de las definiciones más aceptadas es la de Bal Gangadhar Tilak, uno de los luchadores e ideólogos del movimiento que llevó a la India a la independencia. Tilak dice que las características que distinguen la tradición hindú son: aceptar los Vedas con reverencia; reconocer que los medios y caminos hacia la liberación son diversos, y aceptar que se puede adorar a un gran número de dioses.

Durante la lucha contra la Corona inglesa, los nacionalistas hindúes utilizaron los términos *hindú* e *hindutva* para reforzar una identidad étnica, cultural y política. En su obra *Hindutva. Who is a Hindu?*, Veer Savarkar, quien presidió el Hindu Mahasabha de 1937 a 1943, escribió:

> A los hindúes no nos une solo el lazo del amor que tenemos por nuestra tierra madre y por la sangre común que corre por nuestras venas y hace que latan nuestros corazones, sino también el lazo del respeto que tenemos por nuestra civilización, nuestra cultura hindú [...]. Son hindúes quienes consideran que Bharat (la India) es la tierra donde vivieron sus antepasados, así como la tierra donde se originó su religión.

El año 1966, la Corte Suprema de la India formalizó una definición judicial de las creencias de la persona hindú, definición que hasta hace poco se ha utilizado en juicios de identidad religiosa y que se basa en el siguiente argumentario:

- Aceptación de los Vedas y de los sabios o *mahatmas* hindúes como fundamento de la tradición hindú.

- Espíritu de tolerancia y voluntad de entender y valorar diferentes puntos de vista, con el reconocimiento de que la verdad tiene muchas facetas.
- Aceptación del ritmo del cosmos; larguísimos periodos de creación, mantenimiento y disolución de los universos que se suceden eternamente.
- Aceptación del renacimiento y la preexistencia.
- Reconocimiento de que los medios y los caminos para llegar a la verdad son muchos.
- Reconocimiento de que son muchos los dioses que se pueden adorar y aceptación de que hay hindúes que no creen en la necesidad de adorarlos.

En una publicación reciente, los editores de la revista *Hinduism Today*, hindúes occidentales, exponen que existen un mínimo de prácticas, creencias y actitudes que casi siempre son comunes a la mayoría de hindúes. Mencionan cinco preceptos y cinco prácticas que la mayor parte de los padres hindúes desean transmitir a sus hijos y a las generaciones futuras para que estos puedan vivir el *dharma* en plenitud. Los definen así:

Los cinco preceptos:
- *Dios lo es todo*: Reconocimiento de la existencia de un Ser supremo trascendente que es *a la vez* creador, mantenedor y destructor; que se manifiesta de muchas formas, que puede ser adorado de muy diversas maneras y que no es diferente del ser inmortal que reside en toda persona.
- *Templos sagrados*: Reconocimiento de la existencia de seres divinos en otros planos de existencia. La comprensión del significado de la adoración, de las ofrendas, de las

ceremonias de fuego y de las prácticas devocionales que preparan al practicante para recibir las bendiciones, la ayuda y la guía de estos seres divinos.
- *Justicia cósmica*: Comprensión de la ley divina de causa y efecto, por la cual cada pensamiento, palabra y acción retorna en esta vida o en una futura. Reconocimiento de que cada experiencia buena o mala es el fruto merecido de una acción anterior.
- *Liberación*: El ser humano experimenta la rectitud (*dharma*), la riqueza (*artha*) y el placer (*kama*) durante muchas vidas, a medida que crece espiritualmente. Su objetivo es la liberación (*moksha*).
- *Escrituras y maestro*: La relevancia de los Vedas y los Agamas que contienen las verdades eternas, y de poder seguir sus preceptos. La importancia fundamental de la guía del gurú o maestro en el camino espiritual.

Las cinco prácticas:
- *Adoración*: Disponer a diario de momentos en actitud de adoración mediante rituales, cantos, yoga, lectura de textos sagrados; en el hogar propio o en el templo.
- *Días sagrados*: Participar en festividades y días especiales del calendario hindú, tanto en el hogar propio como en el templo, y disfrutar de estas celebraciones.
- *Conducta virtuosa*: Vivir la vida plenamente y con una conducta adecuada. Aprender a no ser egoísta y a respetar a los progenitores, a las personas de edad avanzada, a los maestros y a los *swamis* o renunciantes. Tener consideración y respeto por todos los seres. Seguir el *dharma* y practicar especialmente el *ahimsa*, la abstención de la violencia hacia cualquier ser.

I SANATANA DHARMA

- *Peregrinación*: Reconocer el valor de la peregrinación, viajar al menos una vez al año a lugares sagrados o visitar a maestros y a personas de sabiduría espiritual.
- *Ritos de paso*: Comprender que hay rituales que marcan y santifican el paso por la vida; la importancia de las ceremonias tradicionales que tienen lugar en el momento del nacimiento, de recibir el nombre, del comienzo de los estudios, de la menstruación de las chicas, del matrimonio y de la muerte.[3]

Las respuestas a la pregunta contemporánea de quién es hindú son diversas y no siempre unívocas. Pero a grandes rasgos todas confirman que la tradición hindú no está ligada a ningún dogma ni a ningún sistema unitario de conceptos filosóficos. Una persona hindú se puede sentir identificada con alguna de las definiciones que hemos mencionado del hinduismo y se puede sentir alejada de otras sin que esto ponga en cuestión su arraigo a la tradición hindú.

Acabamos esta compilación de diferentes definiciones de la palabra *hindú* con una mención a Gulabrao Maharaj, un importante maestro del siglo XX, que considera que hay dos tipos de hindúes: aquellos que lo son por *janma*, o nacimiento, y aquellos que los son por *diksha*, o iniciación. Estos últimos son las personas que han recibido una transmisión y bendición espirituales en el momento en que se han integrado en alguno de los *sampradayas* o caminos vivos del

---

[3] EDITORS OF HINDUISM TODAY MAGAZINE, *What is hinduism? Modern adventures into a profound global faith*, Himalayan Academy, Kapaa, 2007, p. 44-50.

hinduismo mediante la enseñanza, la práctica yóguica, una forma de vida armoniosa con el *dharma* y, muy importante, una transmisión espiritual. Gulabrao afirma que el ideal es que las dos vías de acceso al hinduismo, por nacimiento y por iniciación, se den a la vez; pero indica que si esta simultaneidad no se da, la vía de la *diksha* o iniciación es la más relevante, teniendo en cuenta que la cosmovisión y el comportamiento definen mejor la identidad espiritual de una persona que su nacimiento.

11

SHRUTI

La palabra *shruti* designa 'aquello que es escuchado', aquel conocimiento que se adquiere a través del oído, la sabiduría revelada. La *shruti* no es, entonces, una creación humana, sino el reconocimiento de las verdades inherentes en el cosmos. Los cuatro Vedas y las correspondientes Upanishads se consideran *shruti* y forman el tronco central del hinduismo.

1 LOS VEDAS

Los Vedas son el fundamento del hinduismo o *Sanatana Dharma*. Se trata de la escritura más relevante y respetada de esta tradición. La palabra *Veda* deriva de la raíz *vid*, que significa 'conocimiento, sabiduría'. El Veda es una sabiduría revelada de alto contenido metafísico.

La tradición considera que originalmente el Veda era uno, y que fue el *rishi* Vyasa quien lo dividió en cuatro partes. El Veda tal como lo conocemos hoy día comprende cuatro compilaciones de himnos o *samhitas* llamadas Rig-veda, Yajur-veda, Sama-veda y Atharva-veda. Por esto las denominaremos en plural: los Vedas.

Los Vedas constituyen una verdad inmemorial que proviene del reconocimiento de verdades cósmicas. Se considera que estas verdades reveladas en los Vedas son eternas, inalterables y fuente de incuestionable autoridad. De este modo, la *shruti* es altamente respetada como la escritura primordial y como el fundamento de la expresión del *Sanatana Dharma*.

Según el hinduismo, los mantras védicos fueron «escuchados» por los *rishis*, los sabios poetas de la Antigüedad. Las verdades védicas son verdades descubiertas y no producidas, que han sido reveladas a seres abiertos espiritualmente a la sabiduría inherente del cosmos, seres que, por su propio estado de conciencia, estaban capacitados para «escuchar» aquella revelación. Este «escuchar» se refiere a un conocimiento obtenido de forma directa, es decir, a un conocimiento que no proviene del aprendizaje sino del «oído del oído», del oído interior. Es por esta sutil capacidad de percepción, más allá de la mente, que a esos *rishis* se los denomina *mantra dristhas*, 'aquellos que ven los mantras' del Veda. Es importante comprender que los *rishis* no compusieron el Veda, el cual se considera *apaurusheya* o impersonal, es decir, que no es obra de ningún ser, ni humano ni divino. La sabiduría de los Vedas se considera *nitya*, eterna. Los Vedas se entienden como la palabra del Ser Eterno revelada a los *rishis* o como la misma respiración del Ser Supremo.

Esta sabiduría también se considera *ananta*, es decir, infinita, inagotable y siempre presente. Hay una antigua historia que ilustra esta infinitud. El gran sabio Bharadwaja estudió los Vedas en la tierra durante las tres vidas enteras que se le habían ofrecido para este propósito. Shiva apareció ante él y le dijo: «Te daré aún una cuarta vida, pero, dime, ¿qué piensas hacer con ella?» Bharadwaja le contestó que utilizaría esa nueva vida para continuar y completar el estudio de los Vedas. El Señor Shiva, consciente de la inmensidad de los Vedas y de la imposibilidad de conocer su totalidad, aunque se dedicaran a ello incontables nacimientos, sintió compasión por la futilidad de los esfuerzos del sabio y quiso ayudarlo. Le mostró que lo que él pretendía llevar a cabo era imposible. Shiva hizo aparecer tres inmensas montañas frente a él, cogió un puñado de tierra con la mano y dijo: «Todo lo que has estudiado hasta ahora es como este puñado de arena. Lo que te falta aún por aprender es tan inmenso como estas elevadas montañas.» Así fue como el gran sabio Bharadwaja entendió que el conocimiento de los Vedas es inacabable.

Este corpus de conocimiento metafísico se ha transmitido cuidadosamente de maestro a discípulo en una larga cadena de transmisión oral iniciada por los *rishis* de la Antigüedad, que ha creado una milenaria tradición de sabiduría y experiencia espiritual aún viva en la actualidad.[1]

En los cuatro Vedas se constata la existencia de unos cuatrocientos *rishis*. Algunos llevaban una vida de ascetismo, otros eran padres de familia; algunos se dedicaban a la vida contemplativa, otros eran personas de acción; algunos fueron consejeros reales y oficiantes en los rituales de adoración o sacrificio, las *yajñas*, para el bien y la prosperidad del reino. Aun así, la principal función del *rishi* era ejercer de maestro y ofrecer sus enseñanzas a aquellas personas preparadas para

---

[1] «En la era de la globalización y la modernización, cuando la diversidad cultural se encuentra amenazada, la preservación de la tradición oral del canto védico, un legado cultural único, adquiere especial significado», proclama la UNESCO en la declaración del canto védico como patrimonio inmaterial de la humanidad.

recibirlas. Los Vedas mencionan siete *rishis* principales: Bharadwaja, Kashyapa, Gautama, Atri, Vishvamitra, Jamadagni y Vasishtha.

Para la correcta preservación de los Vedas a lo largo de miles de años de transmisión oral se han utilizado sofisticadas técnicas de memorización y recitación, a fin de conservar no solo el corpus textual sino también la dicción y la silabación. Aprender, estudiar y recitar los Vedas ha sido la función de los brahmanes. Se dice que, precisamente por la recitación de los himnos védicos, los brahmanes ganan méritos y contribuyen al orden sagrado del universo.

En los *veda pathashalas*, las escuelas védicas, los maestros brahmanes enseñan a los discípulos a repetir una y otra vez los textos hasta memorizarlos y recitarlos con la métrica, entonación y pronunciación adecuadas, tal como se aprendían miles de años atrás. El texto se cuida y se preserva frente a cualquier posibilidad de cambio o pérdida. La compleja sistematización de este proceso de repetición de los mantras (agrupando las oraciones en conjuntos de palabras que se recitan del derecho y del revés, recitando frases con cambios de entonación, etc.) se denomina *patha*. Un estudiante de un *veda pathashala*, una escuela védica de hoy día, aprende los Vedas tal como se aprendían hace miles de años, antes de Buda o de la invasión de Alejandro en la India.

El conjunto de los Vedas constituye un corpus de 20.500 versos. De los cuatro Vedas, el Rig-veda es el más importante y extenso; está dividido en diez secciones o mandalas, y lo integran 10.552 mantras y 1.028 himnos o *suktas*. Es asimismo el más antiguo e incluye los himnos y mantras que invocan a los *devas*, los dioses. El Yajur-veda contiene los himnos y las instrucciones para llevar a cabo adecuadamente los rituales de fuego o *yajñas*. El Sama-veda lo forman mayoritariamente los himnos del Rig-veda con entonaciones y métricas de características especiales que entona el *udgata*, el oficiante del ritual védico. El Atharva-veda, el cuarto de los Vedas, se considera más tardío que los otros tres, y contiene fórmulas mágicas y encantaciones para curar enfermedades, y también mantras para conseguir salud y riqueza o vencer a enemigos.

Cada himno de los Vedas se dirige a una o más deidades (*deva*) y se atribuye a un *rishi* o *mantra drishtha*, aquel que ha «visto» el mantra. El himno se recita con una entonación precisa y se acompaña de un ritual determinado. Cada uno de los cuatro Vedas está compuesto de cuatro partes: los Mantras, los himnos sagrados de gran belleza poética y profundidad metafísica que se agrupan en secciones o *samhitas*; los Brahmanas, que describen minuciosamente la manera de desarrollar los rituales de fuego o *yajñas* y las funciones de los oficiantes; los Aranyakas o 'libros del bosque', que interpretan los rituales filosóficamente y prescriben diferentes meditaciones o *upasanas*; y las Upanishads, que ocupan la parte final de los Vedas, razón por la cual también se las denomina Vedanta (*anta* significa 'final'). Son textos destinados a aquellas personas que por renuncia ya no participan de la disciplina del ritual, y contienen las enseñanzas sublimes sobre la Realidad Suprema y las vías para lograrla.

Muchos de los innumerables estudios y traducciones de los himnos védicos, externos a la tradición hindú, han considerado que eran sencillas plegarias a los dioses, entendidos estos como personificaciones de los fenómenos naturales. Nada más alejado del contenido y el sentido de los Vedas, que se apartan de cualquier creencia naturalista. El lenguaje de los Vedas está entretejido de simbolismo. Considérese el caso de Agni, que es ciertamente la deidad del fuego, pero que también simboliza el fuego de la disciplina espiritual, el fuego divino de la vida, el fuego de la iluminación. Por otro lado, también es confusa la falsa noción de *politeísmo*. Efectivamente, los himnos védicos mencionan numerosos *devas* o dioses, a los cuales atribuyen poderes supremos. Un determinado himno invoca una deidad y la presenta como la deidad suprema y, a continuación, en el himno siguiente, otro *deva* es mencionado como el más elevado y poderoso. La idea esencial que hay detrás de esta aparente multiplicidad es que todos los *devas* tienen una misma y única esencia siempre presente. Este principio de unidad de los *devas* se expresa de muchas maneras. En el Rig-veda se dice: «A la Realidad Única, los sabios la llaman de muchas maneras, como Agni, Yama, Matarsvam.»[2]

Etimológicamente la palabra *deva* proviene de *div*, 'brillar o iluminar'. Los *devas* son seres sin cuerpo físico pero dotados de conciencia, conocimiento y poder. La repetición de los mantras y determinadas meditaciones dan la posibilidad de entrar en contacto con estos *devas*, que ayudan al adepto en el camino hacia el reconocimiento de la realidad esencial de su ser.

Entre los *devas* o deidades védicas, Indra ocupa un lugar preeminente, y se le han dedicado un gran número de los himnos del Rig-veda. Es la deidad con la mitología más extensa. Indra es la encarnación del poder cósmico, guerrero ejemplar, deidad guardiana de la dirección Este. Seguiremos a Aurobindo Ghose —que durante gran parte de su vida

---

[2] Rig-veda I-164-46.

profundizó en el simbolismo védico— en la descripción del simbolismo de los diferentes *devas*: «Indra representa el poder de la Existencia pura manifestada como Mente Divina. Él desciende a nuestro mundo como el Héroe con caballos refulgentes, y con sus rayos desvanece la oscuridad y la división, de manera que el Sol de la Verdad se alce al cielo de nuestra mente.»[3]

Recogemos brevemente algunos de los *devas* principales del Rig-veda, sin entrar en detalle en la complejidad de su comprensión:

- *Agni*: es una de las deidades védicas más relevantes. Dios del fuego sacrificial, *yajña*, se considera que traslada las invocaciones y plegarias de los humanos a las divinidades invocadas. En el plano físico, Agni es aquel que devora y disfruta, y constituye el gran purificador.
- *Vayu*: dios del viento y del aliento, se asocia con el *prana* o energía vital. Se considera el rey de los *gandharvas* o músicos celestiales. Es asimismo el padre de Hanuman.
- *Surya*: el Sol, es el Señor del Cielo que cruza el firmamento en su carro de fuego guiado por siete caballos que simbolizan los diferentes niveles de la manifestación. Aurobindo considera que Surya es la deidad de la verdad suprema y la sabiduría. Sus rayos son la luz que emana de la verdad y el conocimiento supremos.
- *Mitra*: es la deidad de la amistad y la solidaridad entre los humanos. Representa el principio de la armonía entre todos los seres, y preside el día.

---

[3] Sri AUROBINDO, *Vedic symbolism*, compilado por M. P. Pandit, Lotus Light Pub., Wilmot, 1988.

- *Varuna*: se considera guardián de los rituales védicos y del orden cósmico. Es el dios de las aguas: tiene control sobre las lluvias, las tempestades y los ríos. Simboliza la pureza de la verdad infinita. En el hombre representa la corrección y la pureza; preside la noche.
- *Soma*: el néctar de la inmortalidad, se le dedica el noveno mandala o capítulo del Rig-veda. Dios de las plantas y de la vegetación, se asocia con la luna y los principios de la procreación. En el ámbito simbólico, Soma es una manifestación de *ananda*, la beatitud más elevada. En la cosmovisión védica esta dicha y beatitud absolutas son el fundamento, casi la esencia misma de la existencia. La Taittiriya-upanishad lo expone de manera muy bella: «Él comprendió que la dicha, *ananda*, es Brahman. Porque todos estos seres en realidad nacen de la dicha; una vez nacidos viven en la dicha; al morir vuelven a la dicha.»[4]
- *Aditi*: madre de los dioses, con frecuencia se invoca como expresión de lo que es ilimitado.
- *Saraswati*: diosa de la sabiduría, el estudio y las artes y, a la vez, personificación de la inspiración; de ella se origina el *devanagari* o alfabeto sánscrito. En los textos antiguos se la identifica con *vak*, la inteligibilidad y el poder del habla, y representa su vibración eterna.
- *Usha*: la diosa de la aurora, aparta la oscuridad; impulsa la rueda del mundo, movimiento que despierta a todas las criaturas y las incita a la acción. Aurobindo comenta así su simbolismo: Usha es la aurora divina, ya que el sol que surge con su llegada es el Sol de la Verdad trascendente; el día que nos trae es el día de la auténtica vida en el conocimiento.

---

[4] Taittiriya-upanishad, III-VI-1

Los Vedas entienden que la divinidad está presente en todo y en todas partes, también en el corazón del ser humano. La Realidad tiene muchos aspectos y su representación no puede excluir ninguno de ellos. Por esto, la tradición hindú puede pasar en un momento del nivel de la metafísica trascendente más allá de nombre y forma a la adoración de los *devas*, sin discontinuidad o fricción alguna. La unidad, el Uno, se halla detrás de toda representación. Leemos en el Rigveda: «Aditi es el cielo; Aditi es la región intermedia; Aditi es padre, madre, hijo. Aditi es todos los dioses. Aditi es todo lo que ha nacido. Aditi es todo lo que ha de nacer.»[5]

Los Vedas constantemente muestran una cosmovisión en la cual la tierra, los animales, el ser humano, los antepasados, los *rishis*, los seres divinos, los *devas*, el ritual o *yajña*, la austeridad o *tapas* y el conocimiento de la Realidad o *jñana* están interrelacionados y son interdependientes. Esta interdependencia entre seres divinos y humanos, entre naturaleza y criaturas, se expresa repetidamente. Del bienestar de unos depende el bienestar de los otros. A la vez, la sabiduría de los Vedas no solo trata de la aspiración del ser humano hacia el objetivo supremo, la trascendencia, sino que también se preocupa de las necesidades más inmediatas de aquel y lo ayuda en la satisfacción material aquí en la tierra o en los otros planos.

Las enseñanzas védicas señalan dos vías de aproximación al conocimiento de la Realidad. Una comporta la creencia en una deidad personal y la otra en una Realidad impersonal, que es el fundamento de todo lo que existe. Estas dos vías han estado presentes en todas las manifestaciones posteriores del hinduismo.

---

[5] Rig-veda, I-89-10.

El Nasadiya Sukta

El «Nasadiya Sukta», conocido como el Himno de la creación, es un himno lleno de simbolismo que nos lleva a los orígenes de la manifestación del cosmos. En las primeras tres estrofas remite al origen primordial de un ciclo, a aquel instante cósmico en que no hay existencia ni inexistencia, ni espacio ni movimiento: solo el origen, imponente.

> En aquel entonces no había inexistencia ni existencia;
> ni el principio de movimiento, ni tampoco el espacio que está más allá;
> ¿qué lo cubría todo?, ¿dónde?, ¿cuál era su cobijo?
> ¿Qué eran las aguas? Un abismo insondable.
>
> En aquel entonces no existía la muerte ni la vida,
> ni señal alguna (que distinguiera) la noche del día;
> el Uno respiraba sin aliento, por su propio poder;
> no existía otro, no había nada en el más allá.
>
> Al principio todo esto era oscuridad oculta por la oscuridad,
> todo era un océano indiferenciado;
> todo estaba oculto en el ser sin forma;
> de eso nació el Uno por la grandeza de su energía.
>
> Al principio, allá, surgió el deseo,
> que fue lo primero, la semilla primordial de la mente;
> los maestros de conocimiento, los sabios, observaron
>   en la inexistencia aquello que construye la existencia.
> Ellos lo encontraron en su corazón, por medio del impulso
>   de su propósito y comprensión.

Su rayo se extendía horizontalmente.
¿Había algo abajo? ¿Había algo arriba?
Existía la semilla, que era todopoderosa;
poder intrínseco abajo, propósito arriba.

¿Quién lo conoce realmente? ¿Quién puede exponerlo?
¿De dónde nació? ¿De dónde salió?
Estos *devas*, dioses, son su emanación.
¿Quién sabe cuándo ocurrió esto?

Una vez manifestado, comenzó a existir;
¿se creó a sí mismo o no?
El que vela allá en el espacio más elevado,
él realmente lo sabe, o no lo sabe.

Este himno nos permite discernir la esencia de la no dualidad: todo surge de y vuelve a un único principio. Las parejas de opuestos —existencia e inexistencia, vida y muerte, noche y día— se muestran como expresiones de ese Uno que por su absoluta libertad se manifiesta en la apariencia de muchos. Este es el mayor misterio, al cual la mente no puede acceder.

El Purusha Sukta

El himno al *Purusha* es sin duda el *sukta* más conocido de los cuatro Vedas. Se encuentra en cada Veda con pequeñas variaciones y ha sido uno de los himnos más traducidos. ¿Qué es el *Purusha*? Algunas de las descripciones tradicionales son: «Aquel que lo llena todo con su fuerza», «Aquel que llena y anima el universo, pero permanece oculto». Una de las descripciones más bellas se encuentra en el Srimad Bhagavatam, cuando expone que se lo llama *Purusha* porque crea todas las especies de seres, ya sean humanos, bestias, sabios o dioses, y reside dentro de cada uno de ellos, como su propia alma.

En este himno, el Ser Supremo se ofrece a sí mismo en una *yajña* o ritual primordial para convertirse así en el universo. Una pequeña parte del Ser Supremo eterno e infinito se convierte en el mundo finito y cognoscible, y manifiesta el ciclo eterno de creación, mantenimiento y absorción de los universos. La *yajña*, el importante ritual o sacrificio védico, invoca y propicia diferentes *devas* o energías divinas por medio del fuego, símbolo de Agni, que es la boca de los *devas* a la cual se ofrece la oblación. De este modo, Agni se convierte en el mensajero entre lo humano y lo divino. El primer mantra del Rig-veda empieza: «Ofrezco mi humilde plegaria a Agni, que es la divinidad, el que despierta la energía interna y otorga la prosperidad.»

En el *Purusha Sukta* hay una magnífica descripción de la unidad del cosmos. La naturaleza de la Realidad se muestra inherente a la manifestación del universo y trascendente a la vez.

1 El *Purusha* tiene innumerables cabezas,
innumerables ojos e innumerables pies;
Él penetra en la totalidad de la tierra,
y existe más allá de las diez direcciones

2 El *Purusha*, ciertamente, es todo esto (el universo),
todo lo que ha existido y lo que ha de ser.
Él, Señor de la inmortalidad,
asciende del plano de la materia a planos más elevados;

3 Esta es su magnificencia,
pero el *Purusha* es más grande que esto (la manifestación del cosmos);

todos los seres forman parte de Él,
(las otras) tres partes suyas son inmortales en el cielo
(reino de la luz)

5 De Él nació *virat*,
y de *virat* nació el *Purusha* (todos los seres);
nacido, él se esparce por todas partes,
por toda la tierra, por detrás, por delante.

La fuente y el origen de toda creación es el *Purusha*, en el sentido de *avyakta* ('la realidad no manifestada'). De este *Purusha* surge *virat*, entendido como la totalidad cósmica de la manifestación. A este *virat* también se lo denomina *Prajapati*, «el padre de todos los seres». En estos *Purusha*, *virat* y *Prajapati* védicos se encuentran las primeras semillas de la idea de *purusha* y *prakriti*, Conciencia y Materia, respectivamente, que se desarrollará con posterioridad.

6 Con el *Purusha* como ofrenda,
los *devas* ofrecieron un ritual de fuego, *yajña*;
la primavera era la mantequilla clarificada,
el verano era el combustible y el otoño era la ofrenda

7 El *Purusha*, el primer nacido, que también es la *yajña*,
fue colocado sobre la paja y consagrado.
Los dioses llevaron a cabo la *yajña* por medio de Él,
conjuntamente con los seres celestiales y los *rishis*, sabios

12 La boca se convirtió en el hombre de la palabra (el *brahmana*),
De la fortaleza de Sus brazos creó al príncipe (*kshatriya*).
Sus amplios muslos se convirtieron en los productores
   (*vaishya*),
Su poder de movimiento, los pies, engendraron la persona
   dedicada al servicio (*shudra*).

Las cuatro clases de personas emanan directamente del *Purusha* primordial, y son sus diferentes aspectos. Cada sociedad consta de personas de conocimiento, de reyes o gobernantes, de comerciantes y de aquellos que ofrecen su trabajo o servicio. Esta diferenciación de los seres humanos según las potencialidades que les son inherentes está presente en toda sociedad que aún mantenga cierto vínculo con el orden cósmico del que todos los seres han emanado. Estos mantras son muy citados cuando se discute la legitimidad del «sistema de los *varnas*» o de las castas, y es preciso entenderlos en su sentido original.

13 De Su mente surgió la luna,
    el sol nació de Su ojo,
    Indra y Agni nacieron de Su boca,
    y de Su respiración nació Vayu, el viento.

14 De su ombligo surgió la región del medio,
    de Su cabeza emanó el cielo,
    de Sus pies la tierra, de las orejas las direcciones.
    Así se regularon los mundos.

En la cosmogonía védica, el universo está formado por tres esferas o niveles de existencia (*lokas*): *dhyanloka*, la esfera celestial; *antariksha loka*, la esfera del espacio intermedio; y *bhuvarloka*, la esfera terrestre, la totalidad de nuestro universo. Cada esfera es presidida por una deidad. Así, Savitri o Surya presiden el mundo celestial; Indra o Vayu, el espacio intermedio, y Agni, el espacio terrestre.

Los Vedas son el eje central del hinduismo. Para el hindú, el Veda real no es solo la «compilación textual» a la cual puede acceder, sino que es una verdad eterna que cada individuo puede hacer suya por un proceso de expansión de su estado de conciencia. De hecho, si hay una expresión que pueda mostrar la relación de la persona hindú con los Vedas es esta: *Veda Mata*, la Madre Veda. El hindú que ama su tradición es consciente de que, igual que disfruta de esta vida gracias a la madre que lo ha concebido, Veda Mata le aporta el conocimiento que lo lleva a vivir más allá de la dualidad vida-muerte. Este conocimiento es el «bien más elevado», *moksha*, liberación.

2 LAS UPANISHADS

Las Upanishads son la fuente textual primordial para conocer la profunda metafísica del hinduismo; son su corazón y esencia mismos. En ellas encontramos diferentes intuiciones sublimes sobre la Realidad Suprema. Las Upanishads siempre manifiestan que esta Realidad no es otra cosa que la propia esencia del ser humano.

La enseñanza de las Upanishads no representa una evolución ni una ruptura con el ritualismo védico. La tradición védica contiene diferentes niveles de enseñanzas para satisfacer las diversas necesidades de las tipologías de buscadores. Es el denominado *adhikari bheda*, el reconocimiento de la existencia de múltiples potencialidades, capacidades o preparación interior de los aspirantes. En este contexto se pueden dividir los Vedas en tres secciones según el énfasis y el enfoque de su contenido. El *karma kanda*, que trata de los rituales y se dirige a aquellos individuos que buscan beneficios en un ámbito mundano o relativo, ya que los Vedas no obvian este aspecto de la experiencia humana; el *upasana kanda*, integrado en su mayor parte por contemplaciones y meditaciones; y, finalmente el *jñana kanda*, que expone el conocimiento sutil del *atman-Brahman*, el conocimiento del Absoluto, del ser de todo, de la Realidad Suprema. El *jñana kanda* es la parte de los Vedas integrada por las Upanishads. Como ya se ha dicho, se las denomina también Vedanta o el final (*anta*) de los Vedas.

Estos tres niveles de enseñanza védica son plenamente complementarios. Es bien cierto que determinados estudios orientalistas han interpretado la enseñanza de las Upanishads como una ruptura o una evolución en la tradición. En cambio, la visión tradicional hindú la percibe como la continuidad de una enseñanza milenaria. Así, para el hinduismo han habido en todo momento dos grandes caminos o *margas* que corresponden a dos maneras de vivir: el *pravritti marga*, es decir, el camino de la acción en el mundo que lleva al cumplimiento de responsabilidades en sociedad y en familia; y el *nivritti marga*, el camino de la renuncia, de la soledad y del ascetismo. Los Vedas ofrecen guía y apoyo para los dos caminos sin conflicto alguno.

La palabra *upanishad* proviene de la raíz sánscrita *sad*, que significa 'debilitar, alcanzar, aniquilar'. El prefijo *upa-* denota proximidad, y la partícula *ni*, totalidad. El significado profundo de *upanishad* connota la humildad con la que el discípulo se ha de acercar a su maestro; se interpreta como «sentarse cerca (de un maestro) con devoción y atención». Otra connotación importante es la noción de «secreto». En pasajes clave de las Upanishads encontramos expresiones como *grhya adesah*, 'enseñanza secreta', o *paramam guhyam*, 'secreto supremo'. Esta connotación se explica si se tiene en cuenta que la *upanishad* es la enseñanza de la verdad más sutil y elevada y que, según la tradición, solo se puede impartir a los pocos discípulos que tienen la preparación necesaria para alcanzarla. El conocimiento de Brahman, el Absoluto, siempre se ha considerado como «la verdad de la verdad», *satyasya satyam*. Este es el gran tesoro secreto que contiene la *upanishad*.

El gran expositor del Vedanta, Shankaracharya, interpreta el significado de la palabra *upanishad* como «aquello que destruye» la ignorancia y «aquello que lleva» a Brahman. La palabra *upanishad* denota conocimiento y a la vez hace referencia a los textos que contienen esta sabiduría de la Realidad Absoluta o Brahman. Los textos conocidos como Upanishads son más de doscientos. Una de las Upanishads, la Muktika-upanishad, menciona 108, que se pueden clasificar según el Veda al cual pertenecen. También es común clasificarlas según su contenido en: upanishads shivaítas (énfasis en el culto a Shiva); upanishads vishnuitas (énfasis en el culto a Vishnu); upanishads *shakta* (énfasis en el culto a la Diosa); upanishads del yoga (sobre el proceso del yoga); upanishads del *sannyasa* (sobre la renuncia y sus normas); upanishads del *samanya vedanta* (sobre la contemplación de la no dualidad).

Aun así, las Upanishads más antiguas son las que tienen la completa autoridad de la tradición. La Muktika-upanishad menciona trece como las de mayor importancia: Isavasya, Kena, Katha, Prasna, Mundaka, Mandukya, Aitareya, Taittiriya, Chandogya, Brihadaranyaka, Kausitaki, Maitrayana y Svetasvatara. De estas, la Chandogya y la Brhidaranyaka son las más significativas por su antigüedad y extensión, y porque representan las dos principales vías de aproximación metafísica de las Upanishads: la cósmica o *saprapancha* y la acósmica o *nisprapancha*.

Veámoslo con mayor detalle. La aproximación cósmica o *saprapancha* entiende que Brahman es el soporte infinito del universo, que este universo es la emanación de Brahman y que la totalidad de la creación jamás es diferente a Él. El sabio Sandilya lo formula así en la Chandogya-upanishad:

> Todo esto es Brahman. De Él emana el universo, en Él el universo se funde, en Él el universo respira. Por tanto, el hombre ha de meditar en Brahman con la mente calmada.
>
> Aquel que tiene mente, aquel cuyo cuerpo es sutil, aquel cuya forma es luz, aquel cuyos pensamientos son verdad, aquel cuya naturaleza es como el espacio, aquel cuya creación es este universo, aquel que contiene todos los deseos, todos los olores y todos los sabores, aquel que abraza la totalidad del mundo, aquel que nunca habla, aquel que no tiene ansia alguna.
>
> Él es mi Ser, dentro del corazón, más pequeño que un grano de arroz, más pequeño que un grano de cebada, más pequeño que una semilla de mostaza, más pequeño que un grano de mijo; Él es mi Ser dentro del corazón, más grande que la tierra, más grande que la región del medio, más grande que el cielo, más grande que todos estos mundos.
>
> Aquel cuya creación es el universo. Él es mi Ser dentro del corazón. Él es Brahman.[6]

La otra vía de aproximación, denominada *nisprapancha* o acósmica, pone énfasis en la realidad del universo concebida como una apariencia de Brahman. El método de indagación para el reconocimiento de la Realidad parte de la negación de toda relación entre Brahman y el mundo manifiesto.

El gran sabio Yajñavalkya le dice a Gargi:

> Oh, Gargi, los conocedores de Brahman lo llaman el Imperecedero. No es ni burdo ni sutil, ni corto ni largo; no es rojo ni húmedo; no es una sombra ni la oscuridad, no es aire ni espacio; es desape-

---

[6] Chandogya-upanishad, III,14,1-4.

gado, sin sabor ni olor, sin ojos ni orejas, sin voz ni mente; no es luminoso, ni tiene energía vital, ni boca; no tiene dimensión, ni exterior ni interior. No se alimenta de nada, ni nada se alimenta de Él. [...] En verdad, Gargi, el Inmutable nunca puede verse, pero es el que Ve. Nunca puede escucharse, pero es el que Escucha. Nunca puede ser pensado, pero es el que Piensa. No se puede conocer, pero es el Conocedor. No hay otro observador que Este (Inmutable), no hay otro oyente que Este, no hay otro pensador que Este, no hay ningún otro conocedor más que Este.[7]

Esta descripción de Brahman por medio de la negación de toda cualidad y de todo concepto no ha de llevar a la conclusión de que la Realidad última —el Absoluto— es el vacío, sino a la imposibilidad de limitar la aprehensión del Absoluto por medio de cualquier categoría del pensamiento humano. En las Upanishads encontramos otras descripciones de Brahman, como es el caso de la profunda y conocida descripción como *sat-chit-ananda*, es decir, existencia, conciencia y dicha absolutas. Otras aproximaciones son: *Vijñanam anandam Brahma*, «Brahman es conocimiento y dicha absolutos» en la Brihadaranyaka-upanishad, o *Satyam jñanam anantam Brahma*, «Brahman es Realidad, Conocimiento e Infinitud» en la Taittiriya-upanishad.

La esencia de la enseñanza de las Upanishads es la no-dualidad. La Realidad es no dual, esta Realidad es Brahman, el Absoluto. Las Upanishads constantemente destacan que no hay diferencia entre la esencia de nuestra realidad individual (*jiva*), la esencia del universo manifestado (*jagat*) y la esencia de la divinidad (*ishvara*), y concluyen que la realidad de los tres radica en la Realidad de Brahman, que es

---

[7] Brihadaranyaka-upanishad, III,8,8 y 11.

su soporte. Tal como dice la Brihadaranyaka-upanishad: en verdad, no existe la dualidad (en este mundo). Quien ve pluralidad aquí va de muerte en muerte.

Las Upanishads no son tratados sistemáticos, sino que son textos en los cuales los *rishis* de la Antigüedad formulan su experiencia directa de la Realidad con una autenticidad conmovedora. La metafísica que exponen se expresa con gran naturalidad y sencillez en forma de historias y de profundos diálogos íntimos entre maestros y discípulos. Habitualmente nos encontramos frente a textos escritos en prosa de una gran calidad poética. Muchas de las expresiones utilizadas son altamente simbólicas y a menudo esconden su significado real, razón por la cual es necesario estudiar adecuadamente las Upanishads dentro de la tradición para comprender plenamente su auténtico significado.

Las Upanishads insisten en la propia experiencia como forma de conocimiento y muestran que la investigación y la indagación reales tienen lugar dentro de nosotros mismos; establecen una clara distinción entre dos clases de conocimiento: el superior *para* y el inferior *apara*. El conocimiento inferior alude a la totalidad de los conocimientos del mundo relativo, es decir, las ciencias empíricas, las artes y el conocimiento sagrado que tengan relación con las cosas o estados que sean efímeros o perecederos. Es interesante ver en las Upanishads el fuerte anhelo de trascender la finitud, así como el intenso fuego del discernimiento y la ausencia total de dogmatismo y rigidez, de tal modo que se considera que los cuatro Vedas forman parte del conocimiento inferior, dado que tienen que ver con un ritualismo o una cosmovisión a menudo relativos y ligados al mundo del devenir. Hay que entender a fondo esta distinción entre los niveles de conocimiento que encontramos claramente expresada en un relato de la Chandogya-upanishad, del Sama-veda, en el que el *rishi* Narada, persona de extensísimo conocimiento, con el poder de vivir eternamente y de viajar a voluntad por los diferentes planos de la manifestación, se siente infeliz e incompleto; por esta razón acude al sabio Sanatkumara, para recibir su enseñanza. Dice la Upanishad que Narada se acercó humildemente a Sanatkumara como un discípulo más, y le dijo: «Venerable señor, por favor, enséñame.» Sanat-kumara le respondió: «Por favor, dime primero todo lo que ya conoces. Entonces podré decirte lo que está más allá.» Narada contestó: «Venerable señor, conozco el Rig-veda, el Yajur-veda, el Sama-veda y el Atharva-veda. Conozco los Puranas y los Itihasas [textos antiguos de contenido histórico y mitológico]. Conozco la gramática, los rituales para propiciar a los antepasados; conozco la ciencia de los números, la ciencia de los presagios, la ciencia del tiempo, la lógica, la etimología, las ciencias de la pronunciación en los rituales y de su conducción adecuada. Conozco la ciencia de los espíritus elementales, la ciencia de las armas y de la guerra, la ciencia de la astrología, la ciencia de las serpientes, de las artes refinadas (el arte de hacer perfumes, la danza, el canto y la fabricación de instrumentos musicales). Todo esto es lo que conozco, venerable señor.» «Pero, honorable señor, con todo esto, yo conozco solo palabras, nada sé yo del *atman*, del Ser. He oído, de personas de conocimiento como vos, que aquel que es un conocedor del *atman* trasciende el dolor. Yo estoy bajo el sufrimiento y la tristeza. Oh, señor venerable, ayúdame a ir más allá del dolor.» Sanatkumara respondió enfáticamente: «Todo lo que tú has aprendido son solo palabras.»

Viendo la sinceridad y la intensidad de la búsqueda de Narada, Sanatkumara lo guio a través de un sutil y profundo proceso de indagación. Solo al final de este proceso, empezó a transmitirle el conocimiento del *atman* como infinitud y plenitud, conocimiento conocido como *bhuma vidya*. Sanatkumara continuó: «En verdad, la infinitud (*bhuma*) es dicha. No existe dicha en nada finito (*alpa*). Solo la infinitud es dicha. Uno debe desear comprender la infinitud.» Cuando Narada contestó: «Venerable señor, yo deseo comprender la infinitud (*bhuma*)», Sanatkumara le respondió con la enseñanza final:

> Allá donde uno no ve ninguna otra cosa (diferente de sí mismo), cuando uno no oye ninguna otra cosa, cuando uno no comprende ninguna otra cosa, eso es la infinitud. Pero cuando uno ve alguna cosa (diferente de sí mismo), oye alguna otra cosa, comprende alguna otra cosa, eso es la finitud. Solo la infinitud es inmortal, mientras que la finitud es mortal.[8]

La sabiduría suprema de las Upanishads es el conocimiento no dual del *atman*. Pero ¿cómo podemos alcanzar este conocimiento si las Upanishads mismas nos enseñan que el *atman* no puede ser jamás objeto de conocimiento? ¿Qué es este conocimiento? Seguimos con la Brihadaranyaka-upanishad, en la cual Usasta le preguntó al sabio Yajñavalkya:

> Explícame qué es este Brahman que es inmediato, presente, que puede percibirse directamente, que es el *atman* y que está presente en el interior de todo.
> Yajñavalkya: Es tu propio *atman* que está en el interior de todo.

---

[8] Chandogya-upanishad, VII-I-1 al VII-XXV-1.

Usasta (que seguía su proceso de indagación) vuelve a formular la misma pregunta: ¿Quién es el que está en el interior de todo, Yajñavalkya?

Yajñavalkya le respondió: Tú no puedes ver a quien ve lo que es visto, tú no puedes escuchar a quien escucha lo escuchado, tú no puedes pensar en quien piensa lo pensado, tú no puedes conocer al conocedor de lo conocido. Este es el *atman*, que está en el interior de todo. Todo lo demás es perecedero.[9]

Las Upanishads no ofrecen un corpus de «conocimiento», no llevan a comprender «algo», sino que despiertan otra «visión» de las cosas que comporta una profunda transformación interior. Con el despertar del conocimiento, el adepto, absorto en la contemplación de la unidad, percibe a todos los seres como su propio *atman* y su propio *atman* como todos los seres.

En ocasiones, esta enseñanza experiencial se transmite a partir de situaciones cotidianas; otras veces, por la proximidad entre maestro y discípulo. También se transmite por medio del silencio. La Chandogya-upanishad explica que el joven Svetaketu vivió durante doce años en casa de su gurú, donde efectuó su aprendizaje. Al cumplir los veinticuatro años volvió a casa de sus padres. Era un joven bien instruido pero arrogante. Su padre, Uddhalaka, también un gran maestro, inmediatamente percibió la arrogancia como un obstáculo en el desarrollo de su hijo y le dijo: Svetaketu, querido, te crees erudito, pero te has vuelto vanidoso y te sientes muy orgulloso de tu conocimiento. ¿Le pediste a tu gurú que te enseñara aquella sabiduría con la cual puedes conocer lo que no puede ser conocido, percibir lo

---

[9] Brihadaranyaka-upanishad, III,4,2.

no puede ser percibido y comprender lo que no puede ser comprendido?

Svetaketu, sorprendido, le preguntó a su padre por ese conocimiento. Uddhalaka le pidió que le trajera una fruta del árbol de *nyagrodha*. Cuando la tuvo, le pidió a Svetaketu que la partiera. «¿Qué ves?» «Unas semillas muy pequeñas», respondió Svetaketu. Y su padre le pidió que partiera una. «Ahora, ¿qué ves?» «Nada en absoluto.» Esta fue la enseñanza final de Uddhalaka: «Ciertamente, hijo mío, de esta esencia sutil que no percibes surge este inmenso árbol de *nyagrodha*. Créeme, querido, esta esencia invisible y sutil es el espíritu de todo el universo. Eso es la Realidad. Eso es el *atman*. Eso eres tú (*Tat Tvam Asi*).»[10]

El conocimiento de las Upanishads se expresa destilado esencialmente en las cuatro «grandes afirmaciones» o *mahavakyas*, consideradas la esencia misma del Veda. Las *mahavakyas* indican y afirman la completa identidad del alma individual o *jivatma* y la Realidad Absoluta o *paramatma*. Estas *mahavakyas* son:

. *Prajñanam Brahma*, 'Brahman, el Absoluto, es Conciencia', sentencia que proviene de la Aitareya-upanishad del Rig-veda.
. *Aham Brahmasmi*, 'Yo soy Brahman, el Absoluto'. Proviene de la Brihadaranyaka-upanishad del Yajur-veda y muestra la vía de contemplación no dual que ha de seguir la persona que aspira a la liberación.
. *Tat Tvam Asi*, 'Eso eres tú'. De gran relevancia, proviene de la Chandogya-upanishad del Sama-veda y es tam-

---

[10] Chandogya-upanishad, VI-1 al 12.

bién conocida como la *upadesha vakya* o la instrucción del gurú.
- *Ayam Atma Brahma*, 'Este *atman* es Brahman'. Proviene de la Mandukya-upanishad del Atharva-veda y es conocida como la expresión plena del reconocimiento interior del aspirante que ha despertado a la Realidad.

La sabiduría de las Upanishads es el camino más abierto pero a la vez es el camino más secreto, ya que hace falta una extraordinaria pureza interior para poder acceder a ese conocimiento tan sutil, que no es otro que el reconocimiento de la propia realidad, del propio ser. Los *rishis* afirman que el adepto ha de morir a la finitud, es decir, a las identificaciones limitadoras, para nacer en la infinitud del *atman*.

III

SMRITI

La palabra sánscrita *smriti* significa 'memoria, recuerdo'. Se llaman *smritis* los textos tradicionales tal como han sido 'recordados' y transmitidos por los *rishis* y sabios, a diferencia de la *shruti*, en la cual la sabiduría ha sido revelada. Los *smritis* constituyen un amplio corpus escritural que apoya la verdad del Veda. La revelación védica es altamente metafísica y de difícil aprehensión debido a su sutileza y profundidad. En esencia, el *smriti* contiene la misma verdad que el Veda, pero expresada de una forma y con un lenguaje más cercanos.

Entre las escrituras consideradas *smriti* encontramos los Itihasas o escrituras épicas, los Puranas o libros antiguos, los Dharma Shastras o tratados del Dharma, y los Vedangas, las partes o los miembros del Veda.

1 ITIHASA

La palabra *itihasa* literalmente significa 'así, ciertamente, sucedió', y hace referencia a las dos escrituras épicas, el Ramayana y el Mahabharata. El núcleo central de ambos itihasas es el *dharma*, la conducta armoniosa, correcta y beneficiosa.

Los itihasas describen la vida de la sociedad hindú con gran detalle, y nos aportan datos sobre las relaciones familiares, sus sentimientos, motivaciones y actividades diarias. Los itihasas también contienen numerosas referencias geográficas, información sobre lugares de peregrinaje, hechos y datos históricos, relatos mitológicos, y proponen las bases del buen gobierno y de una sociedad armoniosa. Los itihasas, en definitiva, han tenido una profunda influencia en la sociedad hindú por las leyendas, las impactantes historias y las profundas verdades que encarnan, y por encima de todo han aportado una profunda y vasta riqueza espiritual.

La población hindú, no solamente de la India sino de toda Asia del sur, está muy familiarizada con estas narraciones, que con frecuencia se aprenden durante la infancia, se cuentan en familia, y hoy día se propagan a través de las novelas, los cómics y las numerosas adaptaciones cinematográficas y televisivas. Además, los itihasas han tenido y tienen una fuerte presencia en el mundo de la expresión artística hindú, que a lo largo de los siglos ha recreado los motivos temáticos y mitológicos que contienen.

El Ramayana

El Ramayana ('La historia de la vida de Rama') se considera el primer texto poético o *kavya* de la literatura hindú. Compuesto por Valmiki, el *adi kavi* o primer poeta del mundo hindú, consta de 24.000 versos, divididos en siete secciones o *kandas*. Si existe una obra que haya influenciado, guiado y acompañado la vida de un número incontable de personas a lo largo de los años en el hinduismo, esta es el Ramayana.

En la historia de Valmiki, la tradición nos remite a Valya Koli, bandolero y cazador que vivía en la jungla con su mujer y sus hijos. Subsistía robando a los peregrinos y, si era necesario, no dudaba en matar a alguno a fin de apropiarse de sus pertenencias. El sabio Narada, absorto en las melodías que tocaba con la *vina*[1] y en la repetición del nombre del Señor, pasaba por aquella región. Valya Koli lo atacó y bajo amenaza de muerte le exigió todos los bienes que poseía. Narada, ecuánime, le preguntó la razón por la que lo amenazaba de muerte, puesto que él no le había hecho ningún daño. El bandolero le respondió que quería sus bienes para alimentar a su propia familia y que por ellos era capaz de matarlo si se resistía. Narada le dijo a Valya Koli que actuara como considerase oportuno, pero añadió: «Dices que actúas así para alimentar a los tuyos y que ellos comparten las riquezas que les llevas; ¿consideras que tu mujer y tus hijos también participan de tu maldad?» Valya Koli no supo qué responder y se fue a su casa a preguntarlo. Allí, su familia le informó de que no estaba dispuesta a compartir los frutos de sus malas acciones. Con un gran peso en el corazón, el bandido volvió para dar respuesta al sabio Narada. Se postró a sus pies y le pidió ayuda para liberarse de la gravedad de sus crímenes. Narada, consciente de que de la lengua impura del bandolero no podían salir palabras de pureza, le prescribió la repetición constante del nombre de *mara* ('muerte, destrucción'), cosa que el bandido hizo con absoluta dedicación, de tal manera que la repetición continuada de Ma-ra-ma-ra-ma-ra-ma-Ra-ma se convirtió en Rama, el poderoso *taraka mantra*, y este mantra cautivó a Valya Koli hasta el punto de

---

[1] Antiguo instrumento de cuerda empleado en el canto devocional.

que quedó absorto y perdió la conciencia del cuerpo y del tiempo. La historia relata que Valya Koli pasó años en total inmovilidad, repitiendo el nombre de Rama. Tal era su estado, que quedó cubierto por un nido de hormigas (*valmika* en sánscrito). El poder de la repetición del nombre de Rama propició en Valya Koli la visión plena del Señor. Dichoso y en paz, totalmente transformado, de nuevo tomó conciencia de su cuerpo, se levantó y salió del nido, de allí el nombre de Valmiki, 'nacido de un nido de hormigas'. Valmiki, totalmente entregado al *dharma*, compuso el Ramayana, la vida de Rama, a medida que la visualizaba espontáneamente en su interior, y la expresó en versos de métrica dulce y melódica.

El *dharma*, ese 'orden cósmico' de tan difícil definición, toma forma a través del ejemplo de la vida de Rama, que se convierte en un ideal supremo de cómo vivir armoniosamente en este mundo, siguiendo el deber propio. Por esto se considera que Rama es el *dharma purusha*, la encarnación humana del *dharma*, modelo ideal de hijo, hermano y esposo a la vez, discípulo y gobernante (príncipe y rey) modélico.

Los inicios de la historia de Rama se encuentran en la ciudad de Ayodhya. Era hijo del rey Dasharatha y Kaushalya. Dasharatha tenía otras dos esposas, Kaikeyi (madre de Bharata) y Sumitra (madre de Lakshmana y de Shatrugna). Dotados de la fortaleza, la audacia, la destreza, la actitud en la batalla, la generosidad y el liderazgo característicos de su casta de *kshatriya*, los príncipes eran muy queridos por sus súbditos. Rama se casó con Sita, hija del rey Janaka.

El rey Dasharatha, ya mayor, decidió apartarse de sus obligaciones y dejar el reino a su hijo Rama. Los súbditos del reino estaban muy felices por la inminente coronación.

Kaikeyi, influenciada por su sirvienta Manthara, llegó a creer que el reinado de Rama pondría en peligro a su hijo Bharata y que ella perdería todo su prestigio en el palacio. Poco antes de la coronación de Rama, Kaikeyi le pidió a Dasharatha que le otorgase los dos favores que le había prometido tiempo atrás, cuando ella le había salvado la vida. Así, le pidió al rey que coronara a Bharata y no a Rama, y que decretara el exilio de Rama al bosque durante catorce años.

La confusión y el dolor se apoderaron de Dasharatha. Rama acudió al rey y le hizo ver que era su deber mantener la palabra que en su día dio a Kaikeyi y a la vez elogió las dotes de gobierno de su hermano Bharata. Sin dudar de su propio deber, Rama se marchó al exilio acompañado de Lakshmana y Sita. Poco tiempo después de la partida, el rey Dasharatha murió de pena. Bharata no aceptó el reino y se adentró en el bosque en busca de Rama. Pero este no aceptó la propuesta de Bharata de gobernar el reino porque habría significado ir en contra de la voluntad de su difunto padre. Durante los primeros años de exilio en el bosque, Rama, Lakshmana y Sita recorrieron zonas selváticas de ermitas donde conocieron a sabios y ascetas, quienes los bendijeron con su sabiduría. Finalmente, se refugiaron en una cueva en Panchavati, cerca de lo que hoy es la ciudad sagrada de Nasik. Allí disfrutaron de una vida sencilla. En el transcurso de este periodo, Rama luchó a menudo en contra de los *asuras* (enemigos de los dioses, seres sobrenaturales, demonios) para defender la paz y armonía del lugar, así como la integridad de los sabios y ascetas que vivían allí, que eran frecuentemente asediados.

Ravana era un *asura* poderoso que, cautivado por la belleza de Sita y cegado por el deseo y la enemistad con Rama, ideó el plan de raptarla y, mediante diestros engaños, lo consiguió.

Para recuperar a Sita, Rama y Lakshmana se dirigieron a Lanka, el reino de Ravana. Durante el viaje se encontraron en medio del reino de los *vanaras* o simios, y ayudaron a Sugriva a recuperar el reino que le había usurpado su hermano Vali. Rama y Lakshmana iniciaron una fuerte amistad con Hanuman, consejero de Sugriva y famoso por su fuerza sobrenatural, quien con entrega y devoción se puso al servicio de Rama. Asimismo, y como muestra de agradecimiento, muchos de los ejércitos de *vanaras* decidieron acompañar a Rama. En Rameshvaram, en el sur de la India, construyeron un puente para cruzar el océano hasta Sri Lanka. Allá, tras intensas luchas, derrotaron a Ravana y liberaron a Sita.

Siguiendo su *dharma*, Rama, Sita y Lakshmana, victoriosos en la lucha contra Ravana, habiendo devuelto la paz a los bosques y después de catorce años de exilio, emprendieron el camino de retorno al reino de Ayodhya, donde fueron recibidos con grandiosas celebraciones y además coronados. Poco tiempo después, circularon rumores sobre la pureza de Sita, puesto que había estado prisionera en el palacio de Ravana durante un año entero. Con gran sufrimiento y para acabar con las malas lenguas, con la certeza de la total pureza de Sita, Rama se vio obligado a dejarla en el *ashram* de Valmiki. Allí Sita, que estaba embarazada, dio a luz a dos varones gemelos, Kusha y Lava. Los pequeños crecieron en el *ashram*, y fueron los primeros en aprender el Ramayana que Valmiki acababa de componer. Al cabo de un tiempo, los dos jóvenes visitaron el palacio de Ayodhya y recitaron el poema del Ramayana a Rama. De esta manera, Rama reconoció que los dos jóvenes eran sus hijos. Entonces Rama ordenó ir a buscar a Sita, pero ella se negó a regresar al palacio y se ofreció a la Madre Tierra, de donde había surgido nacida de un surco (Sita significa literalmente 'surco') mientras el rey Janaka, que la había acogido, labraba. La Tierra se abrió en un gran surco, y Sita volvió a sus entrañas.

El Ramayana, como tantos otros textos del hinduismo, tiene diferentes niveles de lectura: el histórico, el mitológico y otro altamente simbólico. La lectura simbólica nos hace ver que el Rama que encontramos en el Ramayana es el símbolo de nuestra propia naturaleza espiritual, que es *ananda svarupa*, es decir, 'su forma real' es dicha, la esencia de la dicha de nuestro corazón. Sita simboliza la paz absoluta que acompaña siempre esa dicha. También podemos concebir que Rama es el *jñana*, el conocimiento, y Sita es la *bhakti*, la devoción, los dos aspectos necesarios para ascender en el camino espiritual.

Ravana simboliza el ego. El océano que Rama cruzó para llegar a Lanka y derrotar a Ravana es el océano de la ignorancia o de la ilusión que el buscador espiritual ha de atravesar para derrotar a los enemigos internos, las tendencias negativas, como la ira, el deseo o los celos, que lo alejan del reconocimiento de su verdadera y dichosa esencia. Lanka se describe como la ciudad de las nueve puertas, símbolo del cuerpo físico —con nueve aberturas: dos ojos, dos narinas, dos orejas, boca, ano y genitales— al cual el individuo se aferra y que es causa de su limitación. La ciudad de Ayodhya simboliza el espacio en el fondo de nuestro corazón donde residen la dicha y la paz absolutas. Hanuman personifica al discípulo perfecto, totalmente entregado y absorto en su camino y en su maestro.

El *Ramrajya*, el reino ideal de Rama expuesto en el Ramayana, ha sido y aún es hoy día fuente de inspiración para las escuelas de ciencia y ética políticas o *Niti Shastra* del hinduismo. El rey o gobernante ha de ser una persona modélica e ideal, ya sea en su vida personal o pública; ha de estar profundamente imbuido de las virtudes de *satya*, la veracidad, y *dharma*, la acción correcta y virtuosa; y velar siempre por el bienestar de los súbditos y del reino.

Es preciso mencionar que hay otros Ramayanas, aparte del de Valmiki, que es el más antiguo. En lengua sánscrita son especialmente importantes el Adhyatma Ramayana y el Abdhuta Ramayana. En awadhi, un dialecto del hindi, es significativo el Ramacharitamanasa de Tulsidas, muy conocido y de extraordinaria belleza poética. En lengua tamil encontramos el Ramayana de Kamba y, en bengalí, el Ramayana de Kirttivasa. Guru Govind Singh es autor del Ramavatar en punyabi.

Rama y el Ramayana viven en el corazón de los hindúes, quienes ven en ellos un ejemplo de vida entregada como ofrenda y plenamente fundamentada en los valores más elevados. El Ramayana describe el ideal de una sociedad anclada en el *dharma* y ordenada según los *varnas* o potencialidades naturales del ser humano. Es la visión de una cohesión social natural que aspira al bien común. Rama es el recuerdo vivo de un tiempo de esplendor y la esperanza de que, con una vida plena en el *dharma*, esa sociedad ideal pueda volver a manifestarse. Desde hace miles de años, el nombre de Rama permanece en los labios, las mentes y los corazones de innumerables hindúes. En el siglo XVIII, el gran sabio Sadashiva Brahmendra se refería a él con estas palabras:

> Rama baila en mi corazón. Rama, el que está en paz porque no se identifica con el cuerpo; el que se deleita en la ciudad invencible en el espacio de mi corazón; Rama baila en mi corazón. Él, que cruzó el gran océano de la ignorancia y de la ilusión, que mató a los demonios de aquello que me agrada y de aquello que me

desagrada. Aquel cuya naturaleza es *satyam*, 'existencia absoluta', *jñanam*, 'conocimiento absoluto' y *anantam*, 'infinitud'; el que restablece el reino de los hombres puros. Rama baila en mi corazón.

El Mahabharata

El Mahabharata, 'La gran historia de los descendientes de Bharata', es un itihasa o escritura épica de alta calidad poética y contenido filosófico, de una importancia central en el hinduismo. Compuesto por Vyasa, el Mahabharata consta de 100.000 *slokas* o versos de dos líneas en sánscrito, y se divide en dieciocho *parvas* o libros. Su extensión es cuatro veces la del Ramayana; se trata, pues, de una de las obras épicas más largas de la literatura de la humanidad. Dice la tradición que, en la composición del Mahabharata, Vyasa fue ayudado por el dios Ganesha, quien le hizo de escriba bajo la condición de que no detuviera en ningún momento la recitación del texto.

El Mahabharata contiene un inmenso tesoro de conocimiento secular y espiritual, hasta el punto de que puede considerarse una verdadera enciclopedia del hinduismo. En el mismo Mahabharata se dice: «Todo lo que no se encuentra aquí, no se encontrará en ningún otro lugar», y por esta razón, y con el más profundo respeto, se lo denomina *el quinto Veda*.

El Mahabharata relata las acciones heroicas de una guerra desencadenada para mantener los derechos de una dinastía de príncipes descendientes del rey Bharata. En medio de la historia principal sobre la guerra, se incluyen tesoros de la literatura hindú como la Bhagavad-gita, el Sanatsujatiya, el Vidura-niti, el Anu-gita o el Vishnu-sahasranama, entre otros. A la vez, en el Mahabharata hay abundantes referencias al Yoga, al Samkhya, y a las vidas y enseñanzas de *rishis* y sabios. Es además una fuente de descripciones de lugares sagrados de la India y de historias mitológicas; y también contiene elaborados discursos sobre los deberes de reyes y gobernantes, sobre la ética de la guerra o sobre la construcción de un orden social basado en el *dharma*. El Mahabharata es una luz resplandeciente que guía en el camino del *dharma*. Tal como dice Klaus Klostermaier:

> El Mahabharata es un magnífico poema que describe en un lenguaje inimitable la furia de la batalla, la quietud de las ermitas del bosque, la majestuosidad del mar furioso, la indignación de la hija de un guerrero, la lamentación de una madre por la muerte de su hijo. El Mahabharata se considera una autoridad sobre la ley, la moralidad, la filosofía social y la política; ofrece las normas para seguir el *dharma* y a la vez muestra el camino hacia la liberación, exponiendo la metafísica hindú más elevada.[2]

El núcleo central de la historia empieza con Vicitravirya, rey de la casa de los *kauravas*, de la dinastía de Bharata, que tenía dos descendientes, Dhritarashtra y Pandu. Dhritarashtra, el hijo mayor, tenía que ser el sucesor al trono, pero por culpa de su ceguera fue coronado rey Pandu, el hermano menor. Dhritarashtra se casó con Gandhari y tuvieron cien hijos. Pandu tuvo un reinado breve y engendró cinco hijos, los *pandavas*. Tras la muerte de Pandu, Dhritarashtra se hizo cargo del reino. Los cinco hermanos *pandavas* —Yudishthi-

---

[2] Klaus K. Klostermaier, *Survey of hinduism*, Suny Press, Nueva York, 2007, p. 60-61.

ra, Bhima, Arjuna, Nakula y Sahadeva— crecieron con los cien hijos de Dhritarashtra, sus primos *kauravas*.

Duryodhana, el hijo mayor de los *kauravas*, reclamaba el trono del reino, del cual se consideraba legítimo sucesor. Era un personaje colérico que vivía alimentado de los celos y el odio hacia sus primos *pandavas*, a los cuales intentó eliminar en diversas ocasiones por medio de engaños y trampas.

El rey ciego Dhritarashtra abdicó en un momento en el que los *pandavas* se encontraban fuera del palacio, y Duryodhana accedió al trono. Los *pandavas* disputaron el derecho a reinar que en justicia también les correspondía, y para evitar el conflicto, obtuvieron el gobierno de una región pequeña y empobrecida que les fue entregada. Así, temporalmente, el hermano mayor de los *pandavas*, Yudishthira, reinaba desde Indraprastha, la actual Delhi, y Duryodhana, el hermano mayor de los *kauravas*, reinaba desde Hastinapura.

En una visita a Indraprastha, Duryodhana quedó maravillado por la inmensa riqueza que el gobierno de los *pandavas* había generado en aquella región, y por la armonía y felicidad que ahí se respiraban. Sus celos crecieron y halló su venganza cuando obligó a Yudhisthira a jugarse sus posesiones a los dados. La ayuda de Sakuni, experto en trampas, y la debilidad de Yudhisthira por el juego hicieron el resto. Yudhisthira perdió la totalidad del reino, perdió a sus hermanos, se perdió a sí mismo y perdió a Draupadi, la esposa de los cinco *pandavas*. Draupadi fue públicamente humillada por los *kauravas* cuando intentaron desnudarla en señal de sumisión. Ella pidió ayuda a Krishna y, por la gracia de este, la ropa del sari se iba reponiendo a medida que se la levantaban, de modo que jamás llegó a quedar desnuda. En una última partida de dados se jugaron de nuevo el reino y el exilio. Yudhisthira perdió, y eso lo obligó a exiliarse al bosque con Draupadi y sus hermanos durante doce años, más un decimotercer año en el que tenían que vivir de incógnito. Los relatos y las aventuras de los años de exilio se encuentran en el Aranya Parva, el tercer libro del Mahabharata.

En un momento avanzado del exilio en el bosque, con los cinco hermanos extenuados y muy sedientos, Nakula, el hermano menor, fue a buscar agua a un estanque cercano. Era un lugar precioso, con un estanque de agua clara y lleno de árboles, flora y pájaros de todos los colores. Satisfecho, se agachó para beber un trago de esa agua y, de repente, una voz se dirigió a él y le exigió que antes de beber respondiera a las preguntas que le haría. Nakula, que pensaba que la voz era fruto de su cansancio y delirio, no le hizo caso, y en cuanto hizo el gesto de beber, cayó muerto. La historia se repitió con tres de sus hermanos que, preocupados por su tardanza, se acercaron al estanque. El último en llegar al estanque fue Yudhisthira, que se encontró los cuerpos inertes de sus cuatro hermanos. De nuevo, se oyó la voz que le dijo: «Yo soy la causa de la muerte de tus hermanos, y tú serás la siguiente víctima si no contestas mis preguntas.» Yudhisthira, con temor y admiración por aquel poder sobrenatural, le pidió que revelara su identidad. La voz le respondió que era un *yaksha*, un genio de la naturaleza, y le explicó que ese estanque le pertenecía y que no permitiría que Yudhishtira bebiera su agua hasta que no respondiera a sus preguntas. Este es el inicio de un diálogo de casi un centenar de preguntas con respuestas de gran belleza y profundidad metafísica. El diálogo se denomina Yaksha Prashna, y es una de las muchas joyas que contiene el Mahabharata. Algunas de las respuestas del diálogo fueron:

«¿Qué hace que salga el sol?» «El poder de Brahman.»
«¿Qué es más rápido que el viento?» «La mente.»
«¿Qué es lo más valioso de este mundo?» «El conocimiento.»
«¿Cuál es la mayor felicidad?» «El contentamiento.»
«¿Cuál es el auténtico control?» «El control de la mente.»
«¿Qué es el sufrimiento?» «La ignorancia.»
«¿Qué es la valentía?» «Subyugar los sentidos.»
«¿Cuál es la auténtica caridad?» «Proteger a todos los seres.»
«¿Qué hace de alguien un *brahmana*?» «Ni el nacimiento ni el estudio pueden hacer que una persona se convierta en *brahmana*; solo su comportamiento. La persona que en todo momento mantiene una conducta impecable es un *brahmana*.»
«¿Qué es lo más asombroso de este mundo?» «Día tras día vemos morir a innumerables criaturas, y a pesar de ello, seguimos actuando como si tuviéramos que vivir para siempre, como si fuéramos inmortales. ¿Puede haber algo más asombroso que esto?»

El *yaksha*, complacido, devolvió la vida a todos los hermanos. Al final de los trece años reclamaron su parte del reino, pero Duryodhana no se avino a darles una pequeña parte de este. La tensión entre los *pandavas* y los *kauravas* crecía y conducía inexorablemente hacia una guerra inminente. La guerra del Mahabharata, que duró dieciocho largos días, ocupa seiscientos capítulos y cerca de una quinta parte de la obra.

La batalla fue cruenta y en su transcurso no siempre se siguieron los códigos éticos del arte de la guerra. Finalmente, los *pandavas* salieron victoriosos. La mortandad fue elevada y la desolación, absoluta. Murieron todos los hermanos *kauravas*. Amigos y familiares, tanto de un bando como del otro, lloraban a sus muertos, y los llantos cubrían la dicha de la victoria como una oscura sombra. La tradición relata que la guerra del Mahabharata fue el principio del Kali Yuga, la actual era de caos y confusión.

Yudhisthira fue coronado rey y reinó con ecuanimidad hasta que tomó la decisión de abandonar el mundo: «En la Caldera del Tiempo nos disolvemos y desaparecemos; ha llegado, pues, el momento de fundirnos y perder nuestra individualidad», le dijo a sus hermanos antes de abdicar y dejar el reino en manos del joven Parikshit, hijo de Abhimanyu, el querido hijo de Arjuna.

Los cinco hermanos *pandavas* y Draupadi emprendieron el camino hacia el Himalaya para llegar al cielo de Indra. Desde que salieron de Hastinapura les iba siguiendo un perro. Durante el trayecto, Draupadi y cuatro de los hermanos murieron. Solo Yudhisthira y aquel perro al que tenía gran estima continuaban el camino. Llegado el momento, Indra invitó a Yudhisthira a entrar en el cielo.

Pero Yudhisthira no quiso entrar si no podía hacerlo también el perro, su compañero de camino. Indra no aceptó el perro en su reino y Yudhisthira decidió quedarse fuera con el animal. En este momento crucial, el perro tomó su verdadera forma: era el mismo *dharma* que lo había puesto a prueba por última vez y que finalmente lo acompañó al cielo de Indra.

El Mahabharata, como tantos textos hindúes, tiene diferentes niveles de significación. En un estadio relativo y mundano, el Mahabharata es la narración histórica de las hazañas de Krishna y los hermanos *pandavas,* que tiene como núcleo central la gran batalla de aniquilación entre dos ramas de la misma familia real. Desde un punto de vista ético, la guerra del Mahabharata es un conflicto entre los principios del *dharma* y su negación, el *adharma*, entre justicia e injusticia, entre el orden armónico y el caos, entre los *devas*, 'dioses', y los *asuras*, 'demonios'.

En el ámbito cósmico y mitológico, la guerra del Mahabharata es la representación de una fase del ritmo eterno del cosmos en la cual Krishna es la encarnación o avatar de Vishnu, Yudhisthira del Dharma, Bhima de Vayu, Arjuna de Indra, Nakula y Sahadeva de los Aswins. Los *kauravas* son encarnaciones de *asuras*, *adityas* y *rakshasas*.

En el plano trascendental, más allá del *dharma* y del *adharma*, la guerra no se escenifica en Kurukshetra, sino que el campo de batalla es el individuo mismo, su propia mente, su vida. Se trata de la lucha perpetua entre el anhelo individual de trascendencia y de elevación, y la oscuridad, *avidya*, que es la ignorancia del propio ser y la falsa limitación. Aquí, en este espacio de interpretación, se encuentra el corazón de la obra. Dhritarashtra es el símbolo del ser egocéntrico, siempre vacilante; sus hijos simbolizan los deseos y las pasiones del ego. Arjuna, el hombre preparado, guiado por Krishna, sale triunfal del conflicto después de destruir con la espada del conocimiento la ignorancia, que se expresa a través de la duda y la angustia, así como a través del vínculo con los deseos ilegítimos y las pasiones que alejan al individuo de su esencia, de su ser. Los familiares, maestros, ancianos y amigos que están en el otro lado del campo de batalla, contra los cuales Arjuna ha de luchar, simbolizan esa vinculación a los afectos y las pasiones. Siguiendo esta interpretación, Krishna es el *Paramatman*, el Ser Supremo, y Arjuna, el *jivatman*, el ser individual.

Hay centenares de traducciones y versiones del Mahabharata en muchos formatos diferentes: estudios eruditos, versiones cortas, novelas, cómics, películas, etc. Durante los años 1988-1989, la cadena de televisión india Doordarshan produjo una serie de casi cincuenta horas de duración y se transmitió durante más de una temporada con elevados índices de audiencia. El año 1985, Peter Brook realizó una adaptación teatral de nueve horas de duración que se mantuvo en cartelera durante más de cuatro años, de la cual también hizo una adaptación cinematográfica. En lengua castellana existen pocas ediciones o estudios del Mahabharata, aunque tenemos la suerte de disponer de la traducción de Julio Pardilla a partir de la excelente versión editada de Kamala Subramaniam. Desde hace unos años, la editorial Hastinapura de Argentina está publicando la traducción de Hugo Labate del texto completo del Mahabharata en doce volúmenes, a partir de la conocida versión en inglés de Kesari Mohan Ganguli (publicada entre 1883 y 1896). En el año 2011, la Universitat de Barcelona presentó una excelente representación teatral del Mahabharata a cargo de la compañía Jove Calassanç Teatre y el Institut del Pròxim Orient Antic.

La Bhagavad-gita

La Bhagavad-gita, 'El canto del Señor', es una de las excelsas joyas espirituales de la literatura sánscrita; sin duda alguna se trata del texto hindú más conocido en todo el mundo, y ha sido traducido y comentado en numerosos idiomas. Forma parte del Bhisma Parva, el sexto canto del Mahabharata, y consta de 700 *slokas* o versos divididos en dieciocho capítulos que recogen el diálogo entre Krishna y Arjuna justo antes de la batalla de Kurukshetra.

Como texto fundamental del hinduismo tiene numerosos comentarios, algunos de los cuales son obra de los más grandes maestros de la Edad Media, como los comentarios de Adi Shankara, Ramanuja, Madhva, Jñanadeva o Madhusudhana Saraswati. El estudio y la recitación de la Gita son, aún en la actualidad, parte esencial de la práctica y contemplación diarias de incontables hindúes.

El texto de la Gita está lleno de verdades sublimes y conmovedoras por medio de las cuales Krishna transmite a Arjuna la esencia de la enseñanza de los Vedas y de las Upanishads. La exposición de Krishna versa sobre la eterna verdad de la inmortalidad del *atman*, la esencia y Realidad del ser humano, la transitoriedad de la manifestación, y a la vez sobre el camino que ha de seguir Arjuna para reconocer su *dharma*, su deber de guerrero.

El campo de Kuru, el Kurukshetra, es el escenario donde tendrá lugar la gran batalla del Mahabharata. Los ejércitos de los *kauravas* y de los *pandavas*, formados por centenares de miles de soldados valientes ansiosos por luchar, están preparados, unos frente a los otros, esperando la orden de atacar. Arjuna le pide a Krishna, su auriga, que lo sitúe justo en medio de los dos ejércitos. Allá observa las fuerzas enemigas y reconoce a amigos, familiares, tíos, primos, respetados ancianos y su propio maestro, contra los cuales tendrá que luchar. De repente le invade una extraña emoción, y Arjuna duda. No se ve capaz de dirigir su ejército, y pide consejo y ayuda a Krishna. El momento en que Arjuna pide ayuda a Krishna es clave, porque indica la disposición del buscador a ser ayudado. Krishna le ofrece su guía y enseñanza. Kurukshetra se convierte en Dharmakshetra, el campo del *dharma*, y el diálogo, en una de las más elevadas cimas de la literatura espiritual. El ejército al cual se enfrenta Arjuna es el ejército de los afectos y los obstáculos que hay que vencer para llegar a la liberación.

Krishna comienza su exposición recordando a Arjuna que «la persona sabia no se lamenta ni por los vivos ni por los muertos», y acto seguido ofrece a Arjuna la visión trascendente de las Upanishads, exponiéndole que «El *atman* nunca nace ni muere, ni comienza a existir ni deja de existir. Es no nacido, eterno, inmutable, anciano. No muere cuando matan su cuerpo [...]. Oh, Arjuna, este *atman* presente en todos los cuerpos, siempre es indestructible.»[3]

Más adelante, Krishna muestra a Arjuna que la acción es inherente a la manifestación del universo, y le hace entender que su deber (Arjuna es un *kshatriya*, un guerrero) es luchar para vencer la decadencia de los valores y del orden de la sociedad, y hacerlo sin que las motivaciones sean los resultados ni las recompensas de la acción. Dice Krishna: «¡Oh, Arjuna! Establecido en el yoga, abandona el apego, mantente ecuánime en el éxito y en el fracaso, y actúa. Esta ecuanimidad de la mente se denomina *yoga*.»[4]

Krishna enseña a Arjuna diferentes vías de aproximación al reconocimiento de la Realidad. Así, le expone con profundidad y sencillez el camino de la acción, mostrándole el secreto del Karma Yoga. Le muestra el camino de la devoción, *bhakti*, la vía del amor y la entrega a la divinidad. Le transmite el conocimiento de la meditación y el yoga, así como la ciencia y los pasos para morir con plena conciencia. También le expone el sutil camino del conocimiento, *jñana*.[5]

---

[3] Bhagavad-gita, II,20 y 30.
[4] Bhagavad-gita, II,48.
[5] Sobre las vías de acción, devoción, yoga y conocimiento, véase *infra*, el capítulo «Marga. Los caminos», p. 101-134.

En el capítulo undécimo, Arjuna tiene el deseo de contemplar a Krishna en su Forma Cósmica, *Vishvarupa*, como la totalidad de las formas y niveles de la manifestación del cosmos. Cuando Krishna accede, Arjuna expresa:

> Oh, Señor del universo, dentro de tu cuerpo veo a todos los dioses y a una infinita variedad de seres. Veo al dios Brahma en su trono de loto y a todos los *rishis*, los sabios y serpientes celestiales [...]; por todas partes contemplo Tu Infinidad, con innumerables brazos, vientres, bocas y ojos. No veo en ningún lugar tu principio ni tu mitad ni tu fin, oh, Forma Infinita.[6]

La visión de la Forma Cósmica de Krishna, *Vishvarupa*, nos lleva a contemplar, aunque sea brevemente, el concepto de *avatara* en el hinduismo, el descenso a la tierra de la divinidad para mantener el *dharma* o el orden cósmico. En la Gita, Krishna expone que siempre que y allí donde el *dharma* decae y aumenta la injusticia, él se manifiesta para mantener la armonía del cosmos. «Para la protección de los virtuosos, para la destrucción de los perversos, para establecer plenamente el *dharma*, me manifiesto en el transcurso de las diferentes eras.»[7]

El hinduismo nos dice que Ishvara, el Señor, tiene tres funciones cósmicas en relación con el universo. La función de creación, que corresponde a Brahma; la de mantenimiento de la creación, atribuida a Vishnu, y la función de reabsorción, que corresponde a Shiva. Las tres funciones y, por tanto, las tres deidades que las encarnan son una única Realidad. Rama y Krishna se consideran encarnaciones,

---

[6] Bhagavad-gita, XI,15 y 16.
[7] Bhagavad-gita, IV,8.

avataras, de Vishnu que se manifiestan en la tierra para mantener el *dharma*, el orden armonioso del cosmos, cuando prevalece el *adharma*, la confusión o las fuerzas de la oscuridad siempre existentes en el mundo dual.

En la enseñanza de Krishna, las vías de la acción, la devoción, el yoga y el conocimiento se funden en un precioso entramado. Sri Krishna se ofrece totalmente a su discípulo, y Arjuna es guiado con sabiduría, delicadeza y firmeza. Krishna, en su función de gurú o maestro, transforma a su primo Arjuna.

Al final de la Gita, Arjuna es un hombre diferente, es una persona que ha percibido la Realidad. No obstante, la vida aún lo obliga a afrontar nuevas pruebas, como, por ejemplo, la muerte de su hijo Abhimanyu y la pérdida de amigos, maestros y parientes en la guerra; él se enfrenta a todo ello habiéndose refugiado plenamente en la enseñanza de Sri Krishna: «Con la mente armonizada por el yoga, percibe el *atman* en todos los seres y a todos los seres en el *atman*. Esta es la visión de la igualdad.»[8]

Tal como afirma Bal Gangadhar Tilak, la Gita es el fruto inmortal del árbol de la eterna tradición védica.

2 LOS PURANAS

Los Puranas son un inmenso corpus de literatura sagrada de gran importancia en la tradición hindú. La palabra *purana* proviene de la raíz sánscrita *pur* ('antiguo', 'que precede') y significa 'narración' o 'historia antigua'. Los Vedas, la

---

[8] Bhagavad-gita, VI-29.

Brihadaranyaka-upanishad, el Mahabharata y otros textos de gran antigüedad ya hacen referencia a la autoridad de los Puranas.

La tradición considera que el sabio Vyasa fue quien recopiló el Purana Samhita, el texto original del cual surgieron los diferentes Puranas. En la Antigüedad, la recitación del Purana Samhita era una práctica regular en los *yajñas* o ceremonias védicas de larga duración, como el Ashwameda o el Rajasuya Yajña. Vyasa transmitió este conocimiento a su discípulo Lomaharshana, que posteriormente lo dividió en seis secciones y lo transmitió a sus seis discípulos.

La función de los Puranas, como la del resto de los *smritis*, es expresar la verdad de los Vedas de una manera más accesible; podríamos afirmar que los Puranas son la expresión popular de la tradición védica. Tal como afirma el Devi Bhagavata Purana: *shruti* y *smriti* son los dos ojos del *dharma* pero los Puranas son su corazón.

Según el Matsya-purana, un Purana siempre ha de tratar de los siguientes aspectos: *sarga*, creación o manifestación del universo; *pratisarga*, destrucción y nueva creación del mundo después de su disolución; *vamsha*, genealogías de divinidades y de *rishis* o sabios; *manvantara*, ciclos cósmicos, cada uno de ellos gobernado por un Manu o padre de la humanidad, y *vamsanucharitra*, genealogías de dinastías reales solares o lunares. Pero esta es solo una pequeña parte de la sabiduría de los Puranas, que contienen una inmensa amalgama de enseñanzas expresada a través de la mitología, la historia, las vidas y las enseñanzas de *rishis* y sabios; contienen también discursos sobre el *dharma*, el yoga y la devoción junto a las descripciones de lugares sagrados de peregrinaje y de las celebraciones anuales, entre otras cosas. Algunas de las secciones más relevantes están dedicadas a glorificar deidades como Vishnu, Shiva, Brahma, Devi o Ganesha. En los Puranas también hay lugar para la medicina, el arte, la retórica, la gramática, la ética, la política, los rituales, las leyes sociales de los *varnas* o clases sociales, los votos religiosos y los sistemas filosóficos del Samkhya o el Vedanta.

Se considera que hay dieciocho Puranas mayores, por su antigüedad e importancia. Son los denominados *Mahapuranas*: Vishnu, Bhagavata, Padma, Naradiya, Garuda, Varaha (con énfasis en el culto a Vishnu); Brahma, Brahmavaivarta, Bhavishya, Brahmananda, Vamana, Markandeya (con énfasis en el culto a Brahma); Vayu, Matsya, Linga, Skanda, Agni y Kurma (con énfasis en el culto a Shiva). De todos ellos, los de mayor renombre son el Vishnu-purana y el Bhagavata-purana. También hay dieciocho Puranas menores o *Upapuranas*, no tan antiguos, entre los cuales destacan el Shiva-purana y el Devi-bhagavata-purana. A la vez existen numerosos Sthala Puranas, textos muy profusos, más breves y no tan antiguos, que describen la mitología y la historia de la infinidad de lugares sagrados, de culto y de peregrinaje en la India.

Según la tradición, el sabio Vyasa, a pesar de haber recopilado los Vedas y obras tan vastas como el Mahabharata y otras, sentía en su interior que le faltaba algo por completar. El *rishi* Narada apareció ante él y le sugirió que compusiera una escritura en la que expusiera el camino de la *bhakti* o devoción: un relato que tratase de Vishnu y de sus múltiples manifestaciones o *avataras* y, en especial, que expresase la grandeza y la vida de Krishna. Vyasa siguió este consejo y así escribió el Bhagavata-purana.

El Bhagavatam, como se conoce popularmente, está formado por once capítulos o *skandhas* y 18.000 versos o *slokas*.

En él encontramos joyas de la literatura espiritual como la Uddhava-gita, la Bhikshu-gita y la Hamsa-gita, entre otras, que son textos de una gran profundidad metafísica. El Bhagavata-purana es el más conocido de los Puranas y es especialmente apreciado por los devotos de Vishnu. En la actualidad sigue siendo un texto de recitación, estudio y contemplación para millones de devotos hindúes.

La trama central del Bhagavata-purana es un compendio de historias que, según el propio texto, fueron relatadas en siete días por Sukhadeva al rey Parikshit, el nieto de Arjuna (el Arjuna que encontramos en el Mahabharata y en la Bhagavad-gita). La narración nos remite al momento en que el rey Parikshit estaba de cacería en la selva y, a causa de un error en su conducta hacia Shamika, un sabio que estaba en profunda meditación, recibió la maldición de Shringi, el hijo del sabio. Shringi le dio siete días de vida, diciéndole que al final del séptimo día moriría de una picadura de Takshaka, el rey de las serpientes. Cuando conoció la maldición, Parikshit aceptó con calma su destino, decidió retirarse cerca del río Ganges y utilizar los siete días de vida que le quedaban para alcanzar el conocimiento y la iluminación.

Centenares de sabios, *rishis*, ascetas, *sadhus* y yoguis se reunieron alrededor de Parikshit. Los *rishis* Atri, Vasishtha, Bhrigu, Angiras, Vishvamitra y Agastya, entre muchos otros, lo apoyaron en esos momentos. Fue entonces cuando apareció Shuka, hijo de Vyasa, que caminaba solo, desnudo e inmerso en la dicha de la total fusión en el *atman*, y fue acogido respetuosamente por todos los sabios.

El rey Parikshit, tras ofrecerle las salutaciones adecuadas, le pidió a Shuka que lo ayudase a encontrar el camino correcto que había de seguir un hombre que tuviera cercana la muerte. Shuka le dijo:

> He venido a verte con un solo propósito: el de hablarte de la gloria de Narayana, que es el único relato digno de ser escuchado. Mi venerable padre Vyasa ha escrito el Bhagavata-purana y yo lo he aprendido de él. Te contaré la historia del Señor y haré de estos días los más gloriosos de tu vida. Esta historia no solo te ayudará a ti, sino a todos los hombres que nacerán en tiempos venideros [...]. Considera por un momento la vida del hombre corriente en este mundo. Está atrapado en la red de la esclavitud: ligado a la casa, a los hijos, a sus bienes. Ignora la ciencia de la autorrealización [...]. Media vida la pierde durmiendo, la infancia y la juventud le roban casi toda la otra mitad. El hombre se ve involucrado en los placeres terrenales y en las penas que resultan de todas estas afecciones [...]. Para alguien que desee *mukti*, la liberación del mundo de la esclavitud, hay un camino sencillo, y este es pensar en el Señor al final de nuestras vidas. Incluso los *rishis* que han realizado el Brahman se deleitan cantando las alabanzas del Señor.[9]

Shuka le dijo a Parikshit que se liberaría si absorbía plenamente la profunda sabiduría de esta escritura sagrada. A continuación le recitó el texto completo del Srimad-bhagavata-purana. Así llegó al séptimo día, al final de la recitación, en que el rey, ya feliz y en su propia plenitud, había de morir. Entonces, el sabio Shuka le dijo:

> Olvídate del temor a tu muerte inminente. Al principio, el cuerpo no estaba. Sí que está ahora, en el presente, y al final tampoco estará. Pero nunca ha habido un tiempo en el que no haya exis-

---

[9] De aquí en adelante seguimos la traducción de Artur Martí: *Srimad Bhagavatam. El llibre del Senyor*, Rafael Dalmau, Barcelona, 1997.

tido el *atman*, ni habrá un tiempo en el que dejará de existir [...] ¡Oh, rey! Has estado pensando en el Señor y solo en Él durante los últimos días. Ni la maldición del *brahmana* ni la picadura de la serpiente Takshaka pueden matar tu verdadero *tú*: tú eres Brahman; por tanto, no puedes sufrir el temor de la muerte.

Parikshit respondió: «Estoy libre del temor de la muerte [...]. Me has enseñado qué es el Brahman [...]. Mi ignorancia ha sido eliminada y me siento feliz y libre.»

Así, el rey Parikshit obtuvo la liberación gracias a la grandeza y sabiduría del Bhagavata-purana y a la presencia y la gracia del sabio Shuka.

3 LOS DHARMA SHASTRAS

Tal como hemos visto, el Veda o *shruti* es el tronco central del árbol del *Sanatana Dharma* o hinduismo, del cual los *smritis* son las ramas. Dentro de los *smritis*, los Dharma Shastras, las escrituras o los tratados del *dharma*, tienen una importancia vital. Manu afirma que a los Vedas se los conoce como *shruti*, y a los Dharma Shastras, como *smriti*. Ambos son irrefutables en todos los aspectos, ya que el *dharma* se manifiesta por medio de ellos.

Los Dharma Shastras exponen con detalle un código de conducta armonioso; según sus aptitudes, clasifican a los miembros de la sociedad en cuatro *varnas* o castas: los brahmanes, dedicados a la preservación y el estudio de los Vedas y a su ritualización; los *kshatriyas*, la clase gobernante y guerrera; los *vaishyas* o comerciantes; y los *shudras*, la clase trabajadora y artesana. En su concepción original, el sistema de los *varnas* era móvil y se fundamentaba en las potencialidades inherentes de cada persona. Con el tiempo, y sobre todo a raíz de las sucesivas invasiones que fueron introduciendo normas de comportamiento ajenas a la concepción original del *dharma*, el sistema de los *varnas* se fue convirtiendo en un sistema más rígido hasta llegar a ser hereditario. En la actualidad son el nacimiento y la ocupación lo que determina la pertenencia a uno de los cuatro *varnas*.

Los Dharma Shastras tratan también con detalle los diferentes estadios de la vida o *ashramas*, los diferentes ritos de paso o *samskaras*, los deberes del hombre y de la mujer, los deberes de los reyes y los gobernantes, la ley y el orden en la sociedad. Asimismo, en ellos se tratan los *apad dharma* o deberes en situaciones extraordinarias y de emergencia, las normas de *sannyasa* o de los renunciantes y los *prayaschittas* o la manera de poner remedio a una ofensa o conducta inadecuadas, entre muchas otras cuestiones. En definitiva, incluyen preceptos sobre todo aquello que puede ayudar a vivir en plena armonía con uno mismo, con la sociedad, con todos los seres y dioses, y con la totalidad del cosmos.

La literatura del Dharma Shastra es muy extensa, pero hay que mencionar algunos de los textos de mayor importancia sobre los cuales se ha fundamentado el sistema de la ley hindú: nos referimos al Manu Smriti, el Yajñavalkya Smriti, el Narada Smriti y el Vishnu Smriti. De estos, el de mayor antigüedad y relevancia es el Manu Dharma Shastra o Manu Smriti, que fue recopilado hacia el año 200 a. C., y que la tradición considera basado en un texto de origen divino anterior denominado Manava Dharma Shastra, de cerca de cien mil versos, que fue considerado una fuente del *dharma* del mismo rango que la *shruti*.

III SMRITI

La figura de Manu tiene una especial preeminencia en la tradición hindú. Los mismos Vedas, el Mahabharata y otros textos de gran antigüedad mencionan al «Padre Manu» con gran respeto. Etimológicamente, *manu* significa 'que piensa', así como 'hombre, humanidad'. Mitológicamente, Manu es el hijo mental de Brahma, y la tradición lo considera padre y progenitor de la humanidad; fue el originador del orden, y de él surgen las antiguas dinastías reales. También fue el primer ser que ofreció un ritual de fuego o *yajña* y, por tanto, se considera que instauró los sacrificios y rituales.

La tradición explica que el Manu Dharma Shastra fue compilado originalmente por Bhrigu, uno de los discípulos de Manu, y consta de doce capítulos y de 2.694 versos o *slokas*. El texto versa principalmente sobre: *achara*, o las normas de conducta adecuadas para los diferentes *varnas* o castas; *vyavahara*, o los procedimientos legales y los deberes de reyes y gobernantes; y *prayaschitta* o los medios para expiar actuaciones erróneas, para ejecutar los votos religiosos, las celebraciones o ritos propiciatorios para las deidades, los ritos de renuncia y otros ceremoniales. Para hacernos una idea de la importancia del texto de Manu, nos remitimos a un dicho muy popular en el hinduismo: «Todo lo que dice Manu es provechoso y aceptable.» El texto del Manu Smriti fue la base de todos los Dharma Shastras o *smritis* posteriores.

El Manu Smriti expone que el *dharma* esencial de los integrantes de los cuatro *varnas* o castas es: no perjudicar (a ninguna criatura), veracidad, no apropiarse de los bienes de los demás, pureza y dominio de los sentidos.

El Manu Dharma Shastra aporta una exhaustiva codificación de derechos y deberes de la sociedad, desde la realeza hasta el último súbdito. Así, cuando trata del comportamiento y de las normas del gobierno, manifiesta que el deber de los reyes es velar por la seguridad y el bienestar de los súbditos de todos los *varnas*, en un mandato basado en la sabiduría milenaria del *dharma*, que tiene por finalidad el desarrollo armónico de la sociedad. Manu dice que el rey se ha de esforzar de manera incansable por dominar sus sentidos, ya que solo quien ha conquistado sus propios sentidos puede mantener a los súbditos en obediencia.

En otro apartado, Manu expone las raras ocasiones en las cuales la violencia es legítima, como en el caso de defender la propia vida: cuando un asesino nos ataca con la intención de matarnos, ya sea un anciano, un niño, una persona mayor o un brahmán erudito, lo podemos matar sin dudar. Matar a un asesino no conlleva falta alguna.

Las leyes de Manu también expresan la importancia de la mujer en el orden social; destacan que, allá donde las mujeres son honoradas, los dioses se alegran, y que, por consiguiente, allá donde no lo son, ningún ritual sagrado da fruto.[10]

El código de Manu tiene como objetivo exponer unas guías de comportamiento que aporten paz y dicha, motivo por el cual exalta el contentamiento y el autocontrol, consi-

---

[10] En el código de Manu «encontramos valores nobles por todas partes, un sentimiento de perfección, un triunfante sentimiento de bienestar en uno mismo y en la vida —el sol brilla sobre todo el libro. Todas las cosas sobre las que el cristiano desahoga su inagotable vulgaridad, por ejemplo, la procreación, la mujer, el matrimonio, son tratadas aquí con seriedad, respeto, amor y confianza. [...] No conozco libro alguno que diga a la mujer tantas cosas agradables y delicadas como el código de Manu; estos viejos santones tratan a la mujer con una gracia y delicadeza tal vez nunca superadas.» Friedrich NIETZSCHE, *El Anticristo*, edición de Germán Cano, Biblioteca Nueva, Madrid, 2007, p. 215.

derándolos el fundamento mismo de la felicidad. Los *sutras* hablan de una vida armoniosa en el *dharma*:

> Gradualmente y sin perjudicar a ninguna criatura uno ha de acumular mérito, *dharma*, igual que las termitas van construyendo su nido, para así asegurarse un acompañante en el otro mundo. Ya que en el otro mundo no nos acompañarán ni el padre ni la madre; ni tampoco el hijo, ni la esposa, ni familiar alguno. Solo la virtud, *dharma*, estará con nosotros.[11]

A la vez que muestra la acción armoniosa, el *dharma*, el Manu Dharma Shastra enseña que hay que vivir con el propósito de lograr la plenitud espiritual o *moksha*, la liberación. En los últimos versos del texto expone que los mejores medios para conseguir la dicha suprema son la recitación de los Vedas, la austeridad, el conocimiento, el control de los sentidos, no dañar y el servicio al gurú. De esta manera, «aquel que, por medio del Ser, reconoce al Ser en todos los seres, llega a la visión de igualdad con todo y al estado más elevado, Brahman».[12] El Manu Smriti ha modelado la vida de incontables generaciones y se considera que es la base misma de la civilización hindú.

4 VEDANGAS Y UPAVEDAS

La dimensión del estudio védico tradicional no se entiende en su integridad sin tener presente el desarrollo de las ciencias auxiliares constituidas por los seis Vedangas y los cuatro

---

[11] Manu Dharma Shastra, IV-238 y 239.
[12] Manu Dharma Shastra, XII,125.

Upavedas, que son el apoyo para el estudio tradicional de la metafísica védica.

Los Vedangas desarrollan las siguientes áreas de estudio:

- *Siksha*, que abarca la fonética y la pronunciación. Cada palabra se ha de pronunciar correctamente en un tiempo y una entonación determinados para conservar el *akshara shuddhi*, la pureza de la sílaba.
- *Vyakarana*, la gramática sánscrita; sin un buen conocimiento de esta el Veda no es comprensible.
- *Chandas*, la métrica y la prosodia, tan importantes para recitar los mantras de los Vedas. De manera muy sintética, el objetivo es mantener una métrica siempre exacta e invariable a lo largo de los milenios para asegurar que el texto original permanezca intacto.
- *Nirukta*, la filología y la etimología. Es el diccionario védico que remite al origen y al significado precisos de las palabras de los Vedas.
- *Jyotisha*, la astronomía y la astrología. El conocimiento de los astros y su influencia en la esfera humana, para que los ritos védicos se desarrollen bajo las influencias o posiciones planetarias adecuadas.
- *Kalpa*, el método y la compleja ejecución de los rituales y su adecuada relación con los *devas*. El uso correcto de los elementos y utensilios que hay que utilizar, etc.

Los Upavedas constan de:

- *Ayurveda*, la ciencia de la vida, la medicina y la salud.
- *Arthasastra*, la ciencia de la filosofía política, del gobierno y de la economía.

- *Dhanur Veda*, la ciencia de la guerra, de la defensa y del uso de las armas.
- *Gandharva Veda*, la ciencia de las artes tradicionales, que abarca la música, la danza, la literatura, la pintura, la escultura y el drama.

A menudo se añade también el *Sthapatya Shastra*, la ciencia de la mecánica y de la construcción.

El corpus textual tradicional del hinduismo, ya sea considerado como *shruti* (los Vedas y las Upanishads) o como *smriti* (Ramayana, Mahabharata, Puranas, Dharma Shastras, Vedangas y Upavedas), es el legado vivo de los grandes *rishis* de la Antigüedad, el legado de aquellos sabios que desde su elevado estado de conciencia e impulsados por la compasión y el conocimiento han compartido su visión de la realidad.

La persona que se siente perteneciente a la tradición hindú tiene presente que la esencia de este inmenso legado escritural se basa en la experiencia viva de esos *mahatmas* y reconoce que el hecho de contemplar las verdades sublimes que contiene este rico corpus de enseñanzas, impregnarse de ellas y seguir el camino que trazan, es uno de los grandes medios para seguir una vida armoniosa en el mundo y para crecer en el camino espiritual del reconocimiento de la propia esencia.

La mente humana, dicen los sabios hindúes, está siempre condicionada por factores externos, perpetuamente cambiantes, y por factores internos, impresiones subconscientes o *samskaras*. La mente humana no siempre tiene la plena clarividencia para saber lo que es mejor a fin de crecer en el camino del *dharma* y de la armonía, dado que con frecuencia contiene fuertes identificaciones, y está condicionada por actitudes egoicas y limitadoras. De ahí el énfasis que se da a la contemplación de estos textos y enseñanzas —a través del estudio, la recitación, la memorización o la escucha— provenientes de personas que han trascendido su mente limitada.

La verdad que exponen los *shastras* no es ajena al individuo que se acerca a ellos, más bien al contrario: los textos sagrados hacen referencia a algo que, aunque olvidado, siempre ha estado presente en todo ser humano. Su «función» es hacer vibrar aquella «verdad olvidada» por el individuo y conducirlo a un «despertar» de una nueva comprensión de sí mismo y del universo que lo rodea.

IV

SHAD DARSHANA
LAS SEIS VISIONES O SISTEMAS FILOSÓFICOS

Hay que mencionar los *shad darshanas*, las 'seis visiones', las seis aproximaciones, sistemas filosóficos o escuelas consideradas ortodoxas, *astika*, del hinduismo. Utilizamos el adjetivo *filosóficos* en el sentido en que se usaba en el mundo clásico: un método de progresión espiritual que exigía una completa conversión, una transformación radical en la manera de ser. Este es un significado que podemos encontrar aún vivo en buena parte de la tradición hindú.

Los seis *darshanas* se consideran sistemas ortodoxos, ya que aceptan la revelación de los Vedas como autoridad. A la vez, es preciso no olvidar que el amplio marco del *Sanatana Dharma* también incluye los sistemas o escuelas no ortodoxos o *nastikas*: el budismo, basado en las enseñanzas de Buda; el jainismo, enraizado en las enseñanzas de Mahavira y de los veinticuatro Tirthankaras o seres considerados perfectos en esta tradición, y la escuela materialista denominada Charvaka o Lokayata, para la cual la materia es la única realidad, la percepción sensorial es el único medio de conocimiento válido, y la satisfacción de los sentidos es el único objetivo; se trata de una escuela de marcado carácter hedonista.

Los *darshanas*, estas seis «visiones», se emparejan en tres grupos que comparten un significativo número de teorías y un corpus doctrinal: Nyaya y Vaishesikha, Samkhya y Yoga, y Mimamsa y Vedanta.

El Nyaya es la escuela que trata principalmente cuestiones de lógica, epistemología y argumentación dialéctica. Fundada por el sabio Gautama, el Nyaya aporta el método de investigación adecuado para todo tipo de conocimiento humano.

El Vaisheshika es una filosofía pluralista muy antigua, fundada por el sabio Kanada. Es un sistema complejo que afirma la existencia de seis categorías básicas que son sustancia, cualidad, acción, universalidad, particularidad e inherencia para explicar todos los aspectos de la realidad. Nyaya y Vaiseshika exploran los conceptos de tiempo, espacio, causa, materia, mente y otros. Se consideran dos sistemas complementarios. El estudio de los *darshanas* tradicionalmente comienza por un estudio adecuado del Nyaya.

El Samkhya, literalmente 'enumeración', es una escuela dualista fundada por el sabio Kapila. Sus textos clásicos y de mayor relevancia son las Samkhya-karikas de Ishvarakrishna. El Samkhya considera que hay dos realidades eternas y diferentes, el *purusha* (la conciencia no relacionada, jamás afectada, siempre inactiva) y la *prakriti* (la «materia» primordial fuente del universo). Esta *prakriti* se manifiesta por medio de los tres *gunas,* cualidades o atributos que determinan las características inherentes de todas las cosas creadas. Estos *gunas* son *sattva*, la pureza, la luz, la armonía; *rajas*, la actividad, el deseo, la pasión; y *tamas*, la inercia, la ignorancia, la opacidad. El Samkhya denomina veinticinco categorías, principios o *tattvas* que componen la realidad de los diferentes niveles de la manifestación cósmica. La palabra *samkhya* se utiliza con frecuencia en diferentes textos antiguos con un significado genérico de 'conocimiento'.

El Yoga, conocido como Raja Yoga, el yoga real, Ashtangha Yoga, o también como el yoga de los ocho miembros (*anga*) o pasos, fue fundado por Patañjali. El yoga no tiene un elaborado sistema metafísico propio y se basa en la concepción cosmológica del Samkhya. La persona que se adentra en el camino del Yoga y del Samkhya tiene como objetivo el discernimiento vivencial de la diferenciación entre *purusha*, la conciencia, y *prakriti*, la materia primordial. Se trata, por tanto, de un proceso en que el buscador va dejando de lado todo lo que no sea *purusha*, el principio consciente. Las estrofas finales de las Samkhya-karikas lo exponen con esta analogía:

> Tal como la bailarina, tras exhibirse ante el público, se retira (del escenario), de la misma manera la *prakriti* se recoge una vez se ha dado a conocer el *purusha*. [...] Por tanto, en realidad, nadie (ningún *purusha*) se esclaviza, ni se libera, ni transmigra. Es la *prakriti* —el substrato de la multiplicidad— la que transmigra, se esclaviza, se libera.[1]

Según el yoga de Patañjali, el medio más eficaz para acabar con esta aparente relación entre el *purusha* y la *prakriti* es el control y el aquietamiento de la mente. A través del proceso de la meditación y del *samadhi*, la absorción, libre de todo pensamiento, el yogui se libera de *avidya*, la ignorancia

---

[1] Samkhya-karika, LIX y LXII. *Cf.* ISHVARAKRISHNA, *Les estrofes del Samkhya*, edición y traducción de Laia Villegas, Fragmenta, Barcelona, 2007, p. 165 y 171.

primordial, que es la razón de la confusión entre el *purusha* y la *prakriti*. Abolida la ignorancia, el yogui obtiene el reconocimiento de que los cambios y las modificaciones con los cuales se identificaba pertenecen a la *prakriti* y que el *purusha* es la conciencia siempre libre y nunca afectada.

El Purva Mimamsa, fundado por Jaimini, es la escuela que profundiza en el conocimiento de los rituales védicos y de sus utilidades. Sus textos más importantes son los Sutras de Jaimini.

El Vedanta, literalmente 'el final (*anta*) del Veda', también se denomina Uttara Mimamsa, 'la investigación suprema'. Esta *darshana* se basa en los Brahma-sutras de Badarayana o Vyasa, un compendio de 555 *sutras* concisos que tratan sobre el conocimiento de Brahman, el Absoluto. Tradicionalmente se considera que Badarayana compuso los Brahma-sutras para sistematizar y armonizar las diferentes enseñanzas de las Upanishads.

El texto de los Brahma-sutras comienza con el conocido sutra *Athato Brahmavijñasa*, 'ahora (es decir, cuando el discípulo ha obtenido las cualificaciones adecuadas) [empieza] la indagación de Brahman, el Absoluto'.

Para Badarayana, el conocimiento de Brahman lleva a la liberación, *moksha*, razón por la cual se hace necesario que el adepto tenga una comprensión intelectual adecuada. En el *sutra* siguiente se describe a Brahman como «aquello de donde procede el origen (el apoyo y disolución) de esto (este mundo)», enfatizando que Brahman es causa de este mundo, ya que no necesita nada externo a sí mismo para manifestar el universo. Según Badarayana, es Brahman el que se ha manifestado como este mundo, de manera parecida a la analogía con una prenda de ropa tendida, que no difiere de la misma prenda doblada. Badarayana no acepta la existencia de *jivas*, almas individuales, ni de un mundo independiente (externo) de Brahman.

El texto de los Brahma-sutras ha tenido comentarios numerosos y relevantes que han sido la fuente de las diferentes escuelas dentro del *darshana* del Vedanta. El Bhashya (comentario) de Shankaracharya es el comentario de mayor antigüedad conservado, a pesar de que se considera que hubo comentarios anteriores.

El sistema que expone Shankaracharya por medio de su comentario se denomina Advaita Vedanta, el Vedanta nodual. Su esencia está expresada en estos tres puntos: Brahman es Real o es la Realidad. El mundo es una apariencia ilusoria. El *jiva* (el alma individual) no es diferente ni otro que Brahman, el Absoluto. Para una comprensión correcta del Advaita Vedanta es importante entender que Brahman no se transforma en este mundo. La multiplicidad de las formas es solo una apariencia que tiene su origen en *avidya*, la ignorancia. El Advaita Vedanta utiliza con frecuencia el ejemplo de que la ilusión de la realidad del mundo no es diferente de la ilusión de quien confunde en la oscuridad una cuerda con una serpiente. Shankaracharya expone que por medio del conocimiento tiene lugar lo que se denomina *apavada* o negación, es decir, el final de la sobreimposición (la percepción de la cuerda como si fuera una serpiente) a la cual sigue el pleno reconocimiento de Brahman.

Ramanuja es autor de otro comentario relevante de los Brahma-sutras denominado Sri Bhashya. Ramanuja acepta que Brahman o la Realidad Suprema incluye en sí misma *chit* (los seres conscientes) y *achit* (la materia primordial). Considera que ambos son reales, pero que están bajo el control de Brahman. De ahí que este corpus del Vedanta proveniente de Ramanuja se denomine Vishishtadvaita, ya que, como el Advaita, es no-dual pero a la vez es *vishishta*, es decir, concibe diferencias (*chit* y *achit*) en la misma unicidad de Brahman. Para Ramanuja, los *jivas*, las almas individuales, se pueden liberar por medio de la *bhakti*, el amor y la devoción por el Ser Supremo, y la gracia de la Divinidad.

Madhva compuso treinta y siete obras, cuatro de las cuales son comentarios a los Brahma-sutras. Para Madhva, Brahman se identifica con Vishnu o Narayana y es una realidad personal con atributos. La interpretación de Madhva de los Brahma-sutras dio lugar al Dvaita Vedanta o Vedanta dualista. Para Madhva, hay una diferenciación real entre Brahman y el *jiva,* y entre Brahman y el mundo.

Otros comentarios relevantes de los Brahma-sutras son los de Bhaskara, Nimbarka, Vallabha y Baladeva, entre otros. La riqueza del *darshana* del Vedanta es inmensa por sus diferentes visiones y sistemas filosóficos e interpretativos. De estos han surgido una larga sucesión de *mahatmas* que a lo largo de los siglos han guiado a los adeptos y devotos en los caminos de la liberación.

V

LA SACRALIDAD DE LA VIDA
LA VIDA COMO CAMINO
HACIA EL ABSOLUTO

Una persona que se mantiene enraizada en la tradición hindú vive una vida sacralizada en un universo sagrado. Puede ser que los condicionamientos y las concepciones de la Modernidad dificulten la comprensión de lo que significa participar de una cosmovisión en la cual cada acto de la vida es sagrado. Para el hinduismo no hay diferencia entre los aspectos seculares de la vida y los aspectos espirituales, ya que concibe que hay un orden cósmico que lo abraza todo. La vida se considera un aprendizaje o una ascensión hacia el pleno reconocimiento de la divinidad.

1 LOS CUATRO *PURUSHARTHAS*: FINES DE LA VIDA

Para captar esta cosmovisión sacralizada de la vida hay que entender, en primer lugar, lo que se denominan los *purusharthas*, las cuatro metas o propósitos de la vida del ser humano, que son la base fundamental de la concepción social hindú.

Los cuatro fines u objetivos de la vida humana según el hinduismo son *dharma*, la acción armoniosa y noble; *artha*, la abundancia material; *kama*, la satisfacción de los sentidos, y *moksha*, la liberación o el estado de plenitud espiritual. La tradición hindú considera que el ser humano aspira de manera innata a estos cuatro objetivos, ya que le aportan plenitud y dicha, y esa felicidad es lo que todo ser anhela profundamente en su existencia.

El primer objetivo de la vida es el *dharma*, y es la base de los otros tres. Tal como dice el Mahabharata, aquello que no perjudica a ninguna criatura es verdaderamente el *dharma*, ya que el *dharma* fue creado para mantener la creación libre de todo mal. Pero podemos preguntarnos: ¿cómo se expresa el *dharma* en la vida del ser humano? Los textos antiguos exponen que hay un *dharma* general o universal, denominado *samanya dharma*, y un *dharma* específico o particular, denominado *vishesha dharma*.

El *samanya dharma* es el mismo para todos los miembros de la sociedad y, según Manu, consta de las diez virtudes o cualidades siguientes: la perseverancia, la paciencia o el perdón, el autocontrol, el abstenerse de robar, la pureza y pulcritud tanto internas como externas, el control de los sentidos, el discernimiento o el anhelo de aprender, el conocimiento espiritual, la veracidad y la ausencia de enfado.

Manu las resume en cinco virtudes fundamentales: no dañar, veracidad, no apropiarse de los bienes de los demás, pureza o pulcritud externas e internas, y control de los sentidos. Estas cualidades son universales y han de ser observadas por todo el mundo. Este es el sumario, el *dharma* esencial de los cuatro *varnas* o castas. Tal como escribe Álvaro Enterría:

A diferencia de la concepción moderna, en la que se hace hincapié en los derechos y se considera que todo el mundo tiene derecho a todo, la India clásica da preeminencia a los deberes y sostiene el principio de *adhikara*, la cualificación necesaria que lo hace a uno digno de recibir algo. Para obtener un derecho o privilegio, hay que demostrar primero que uno es digno de él, que es un «recipiente» adecuado.[1]

En síntesis, el ser humano tiene unos deberes hacia sí mismo y hacia la sociedad que lo rodea y sustenta. Según la cosmovisión hindú, el hecho de estar vivo en un cuerpo humano no se considera mérito suficiente: hay que vivir en la virtud y la nobleza de carácter para participar de los beneficios de la sociedad. Seguir estas normas del *dharma* en el transcurso de los diferentes estadios de la vida daría como fruto una sociedad que, anclada en estos valores, permitiría expresar plenamente las potencialidades de cada ser humano.

Los *vishesha dharmas* son los *dharmas* o deberes específicos, como es el caso del *varnashrama dharma*, el *dharma* según el *varna*, la casta y el estadio de la vida; el *raja dharma*, el *dharma* de los reyes y gobernantes; el *kula dharma*, el *dharma* de la propia familia; el *stri dharma*, el *dharma* de la mujer; el *svadharma*, el propio *dharma*.

Los textos antiguos insisten en que para interpretar adecuadamente el *dharma* hay que considerar en todo momento la crucial importancia de *desha* y *kala*, el lugar y el tiempo. Así, las normas del *dharma* se han de interpretar siempre según la época o el momento, el lugar, las condiciones de la sociedad, es decir, en un contexto total.

---

[1] Álvaro ENTERRÍA, *La India por dentro*, José J. de Olañeta, Palma de Mallorca, 2006, p. 146.

El segundo *purushartha* u objetivo de la vida es *artha*, la prosperidad y la abundancia que todo ser humano desea. El ser humano requiere *artha* porque necesita unos medios para vivir y expresar su potencial en la sociedad. Sin cierta riqueza, la vida en el ámbito social no es posible. Los progenitores han de procurar la prosperidad a los suyos, y de manera similar los reyes o gobernantes necesitan *artha* o riqueza para proteger el reino y poder gobernar.

El tercer *purushartha* es *kama*, la satisfacción de los deseos de los sentidos. El mundo entero se mueve por el deseo, ya que toda acción se apoya en el deseo. Manu lo expresa así: «Ni una sola acción es realizada por un hombre libre de deseo; ya que todo lo que el hombre hace [es resultado] del impulso del deseo.»[2]

Kama, entendido como deseo sexual, al cual la palabra hace referencia, siempre que se desarrolle en armonía con el *dharma*, es de vital importancia como fuerza primordial y generadora.

El profesor Arvind Sharma compara esta cosmovisión, que abraza la totalidad de la vida, con algunas de las ideologías modernas:

> La crítica hindú más importante a la psicología freudiana radicaría en el hecho de que esta reduce equivocadamente la totalidad de la vida solo a *kama*; (y de manera similar argumentaría) que el marxismo intenta reducir la totalidad de la vida a *artha*. El esquema hindú evita todos los problemas que surgen de tal reduccionismo.[3]

---

[2] Manu Dharma Shastra, II-4.
[3] Arvind SHARMA, *Encyclopedia of hinduism*, edición de D. Cush, C. Robinson y M. York, Routledge, Nueva York, 2008, p. 646.

Los sabios hindúes dicen que *artha* y *kama* han de estar constantemente guiados y gobernados por el *dharma*. Siguiendo su *dharma*, una persona puede vivir una vida noble y disfrutar a la vez de *artha*, abundancia material, y de *kama*, el placer de los sentidos.

El cuarto *purusharta* es *moksha*, la liberación o el fin de toda limitación, la trascendencia de la condición humana, la unión con la divinidad o el reconocimiento de la divinidad en todo. Este es el objetivo más elevado, el denominado *parama purusharta*, el objetivo supremo, que corresponde a la aspiración del individuo a la trascendencia. Una persona que ha logrado plenamente este objetivo es un *jivanmukta* o liberado en vida: en el mundo tradicional es alguien altamente respetado, cuya guía y compañía se consideran una gran bendición. *Moksha*, la liberación, es la consumación de todo lo que es noble en la vida: «De todas las acciones, como los sacrificios, los rituales, las disciplinas, la no violencia, la caridad, el estudio de los Vedas, el *dharma* más elevado es el conocimiento del propio ser por medio del yoga.»[4]

2 LOS CUATRO *ASHRAMAS*: ESTADIOS DE LA VIDA

Según la cosmovisión hindú, la totalidad de la vida es un aprendizaje y una disciplina. En el transcurso de este aprendizaje, el ser humano pasa por cuatro etapas o estadios denominados *ashramas*. Cada una de estas etapas será la base y el apoyo para acceder a la fase posterior.

---

[4] Yajñavalkya Smriti, I-8.

La palabra *ashrama* proviene del verbo sánscrito *shram*, que significa 'esforzarse, agotarse'. A la vez, *ashrama* también significa 'lugar de descanso, parada'. Un *ashrama* es un periodo de la vida en el cual el individuo ha de prepararse para poder ascender al siguiente. En el Mahabharata, Vyasa compara estos estadios con una escalera de cuatro peldaños que dirige a Brahman.

Los *ashramas* son: *brahmacharya*, la fase de vida de estudiante; *grihastha*, la etapa de padre o madre de familia; *vanaprastha*, la vida retirada en el bosque, y *sannyasa*, la vida de total renuncia.

El primer estadio o *brahmacharya* empieza cuando se envía al niño a la casa del gurú o maestro para aprender los Vedas y otras escrituras sagradas. De su gurú, el chico aprende toda una forma de vivir con disciplina estricta y concentración. Se levanta antes de que salga el sol, lleva a cabo sus abluciones rituales, participa en las recitaciones de *mantras* y cantos védicos, así como en el estudio de los textos sagrados; sale a mendigar la comida para ofrecerla y compartirla con su maestro; minimiza sus necesidades, siempre con los sentidos controlados, y mantiene el celibato. Durante este periodo se nutre de la compañía y el ejemplo vivo de su gurú, así como del ambiente de santidad y pureza de su condición de ermitaño. El propósito de este estadio no es obtener el conocimiento de unos textos, sino impregnarse de unos ideales éticos y espirituales —elevados y nobles— que serán su apoyo interior durante el resto de su vida.

El segundo *ashrama* es el estadio de *grihastha* o de cabeza de familia. Al finalizar el periodo de estudiante, el chico vuelve a casa de su familia, y con el maridaje adecuado según su *varna* o casta entra en el estadio de *grihastha*. En este estadio disfruta de los placeres de la vida conyugal, tiene hijos, ayuda a sus padres y a los ancianos de su familia, y genera riqueza dedicándose a la ocupación adecuada según su *varna* o casta. Los textos del *dharma* dan gran importancia al periodo de *grihastha*, ya que es de este *ashrama* de lo que depende el apoyo material del resto de estadios de la vida, ya sea el de estudiante, el que corresponde al retiro en el bosque o el de renunciante. Manu lo expone así: «Igual que todas las criaturas subsisten con el apoyo del aire, de manera similar los miembros de todos los estadios o *ashramas* subsisten con el apoyo recibido del *grihastha*, el cabeza de familia.»[5] Para entender correctamente el sentido de esta alabanza del estadio de *grihastha* hay que tener presente que cada *ashrama* es un estadio esencial para el desarrollo de la persona. El *grihastha*, el cabeza de familia, aporta la base material para los otros estadios; pero no hemos de olvidar que desde el punto de vista de la adquisición del conocimiento, es el estadio de *brahmacharya* o de estudiante, el que recibe la alabanza, y desde el punto de vista de *moksha* o liberación, es el estadio de *sannyasa* o de la renuncia el que ocupa el lugar de honor.

El tercer *ashrama* es *vanaprastha*, que literalmente significa 'que reside en el bosque': corresponde a la etapa de vida retirada. Los Dharma Shastras exponen que cuando los hijos ya son mayores y ya no necesitan el apoyo de los padres, hay que prepararse para transmitir el oficio, los bienes y la casa a los hijos, y retirarse al bosque, a un lugar adecuado para iniciar una nueva etapa dedicada a la contemplación. Manu expresa que, cuando el padre de familia se da cuenta

[5] Manu Dharma Shastra, III-77.

de que su piel está arrugada y sus cabellos son blancos, y ve los hijos de sus hijos, entonces es el momento de retirarse al bosque. Allí marido y mujer llevan una vida sencilla y de contemplación, libres de los deberes sociales y de las presiones materiales de la etapa anterior.

Según Manu, después de pasar una tercera parte de su vida en el bosque, ellos pueden vivir como unos ascetas durante la cuarta parte de su existencia, después de abandonar todo apego a los objetos mundanos. Se entra así en el cuarto y último estadio de la vida, denominado *sannyasa*. *Sannyasa* es la renuncia a las posesiones, a las distinciones, deberes y obligaciones sociales de los *varnas* o castas, a todo ritual y ceremonia, incluso a los fuegos sagrados. En este último estadio —al cual no todo el mundo accede—, marido y mujer se separan y emprenden solos y sin ningún tipo de seguridad el camino final. Viven mendigando el alimento. La dicha reside en ellos mismos, ya que no buscan nada en el exterior, libres de toda obligación y convención sociales. El único deber de este estadio es la meditación y absorción constante en el *atman*, ya que el único propósito de *sannyasa* es *moksha*, la liberación. El Manu Smriti considera que los ascetas consiguen una posición suprema por medio de *ahimsa*, la no violencia, el desapego de los objetos de los sentidos, el seguimiento de los deberes de su *dharma* y la práctica de severas austeridades. Subrayando el aspecto contemplativo de este último estadio, Manu concluye: «Por medio de la meditación profunda, que el asceta reconozca la naturaleza sutil del Ser Supremo y su presencia en todos los seres, desde los más elevados hasta los inferiores.»[6]

---

[6] Manu Dharma Shastra, VI,65.

Manu expone claramente que el paso hacia el estadio de *sannyasa*, o la vida de renuncia total, solo es posible para quien ha pasado por los tres estadios anteriores —de estudiante, padre de familia y vida retirada en el bosque—; entonces, con los hijos crecidos y sin obligaciones, se puede entrar en el cuarto estadio de la vida. Otros textos de gran antigüedad exponen otra vía que afirma que, en el momento en el cual una persona siente fuertemente el auténtico deseo de renuncia, puede abandonarlo todo y entrar en el estadio de *sannyasa*, sin que tenga importancia el *ashrama* o estadio de la vida en que se encuentre. Las dos vías existen desde la Antigüedad.

3 LAS CINCO *YAJÑAS*: OFRENDAS RITUALES

Otro aspecto relevante de esta sacralización de la vida son las cinco *yajñas* u ofrendas rituales que diariamente ofrece la persona en el estadio de *grihastha*. La persona hindú reconoce su lugar en el gran tejido del universo con la comprensión de que su vida depende del sacrificio y la generosidad de otros seres. Así, considera que tiene unos deberes y deudas con los *rishis*, con los *devas*, con los *pitrus* o antepasados, con los humanos y con todas las criaturas de la creación, y los honra ofreciéndoles las siguientes cinco *yajñas* u ofrendas rituales:

- *Brahma* o *rishi yajña*: es la ofrenda a los *rishis* o sabios de la Antigüedad. Se refiere al deber de estudiar y recitar diariamente los Vedas y otros textos sagrados. Así, la persona hindú honra la memoria de los *rishis* y la sabiduría que le ha sido transmitida, se siente continuadora y

portadora de la tradición, y asume el deber de seguir esta transmisión a las nuevas generaciones.
- *Deva yajña*: es la adoración diaria a los dioses en reconocimiento de su presencia y función en el cosmos. Las deidades son honradas por medio de un ritual de fuego denominado *homa*, en el cual se ofrecen oblaciones a los diferentes *devas*, acompañadas de recitaciones de *mantras* y plegarias. Cuando esta adoración al fuego sagrado no es posible, se suele hacer por medio de una *puja* o ceremonia de adoración.
- *Pitru yajña*: son las ofrendas y oblaciones rituales (de semillas de sésamo, arroz y agua) a los antepasados. La persona hindú considera que tiene un deber no solo con el nacimiento propio, sino también con los antepasados, que le han transmitido unos valores y una cosmovisión, y gracias a los cuales participa de este universo sacralizado. Este ritual se denomina *tarpana*.
- *Atithi* o *manushya yajña*: es el respeto y la hospitalidad hacia el huésped. Honrar al huésped es algo muy preciado en la tradición védica, hasta el punto de que la Taittiriya-upanishad afirma: «Ten la actitud de que el huésped es dios.» Estrictamente, el *atithi* es, en sánscrito, aquel que llega inesperadamente y ha de ser recibido de forma apropiada. Esta ofrenda honra su deber con los seres humanos.
- *Bhuta yajña*: es el rito diario de ofrecer comida a las diferentes criaturas de la creación. Ofrecer alimento a quien tiene hambre, a los animales del entorno más próximo (como, por ejemplo, los pájaros, los insectos, los peces…), etc., se considera un acto importante de adoración, que a la vez desarrolla la sensibilidad hacia las otras formas de vida del planeta.

Mediante estas cinco ofrendas, la persona hindú paga sus deudas, a la vez que participa diariamente de las bendiciones de los *rishis*, los *devas*, los antepasados, los hombres y todas las criaturas.

4　LOS *SAMSKARAS*: RITUALES DE PURIFICACIÓN O RITOS DE PASO

Los *samskaras* son rituales de purificación, sacramentos o ritos de paso que tienen lugar a lo largo de la vida de una persona desde el momento de la concepción hasta la muerte, santificando su vida. «Tal como el oro o un diamante que se ha extraído de la tierra se ha de refinar para poder brillar con todo su resplandor, también el hombre necesita los *samskaras* o ceremonias purificadoras para brillar al máximo física, psíquica y espiritualmente.»[7]

Los *samskaras* tienen dos propósitos básicos: protegen de posibles fuerzas oscuras y hostiles o de impurezas que podrían crear obstáculos en algún momento de la vida, y a la vez invocan las bendiciones de los *devas* para un desarrollo armónico en todos los niveles. Los *samskaras* tienen como objetivo básico el bienestar material y la sacralización del cuerpo para que se convierta en un templo. Gautama los califica como ayudas para lograr *moksha*, la liberación, y el sabio Angiras dice que tal como en una pintura se utilizan varios colores, de la misma manera, el carácter de la persona se forma por la ejecución adecuada de los diferentes *samskaras*.

---

[7] V. A. K. IYER, *Hindú, Sastras and Samskaras*, Bharatiya Vidya Bhavan, Bombay, 1987, p. 22-23.

En el Rig-veda nos encontramos las primeras indicaciones sobre los *samskras*, mientras que en el Atharva-veda se exponen *mantras* relacionados con las bodas, la iniciación a los estudios, los funerales y otras actividades del ciclo vital. Pero es en las Grihya-sutras donde se indica de forma extensa y detallada el objeto de los *samskaras* tal como se conocen en la actualidad. Los rituales relacionados con los *samskaras* o ritos de purificación tienen algunos constituyentes comunes. El fuego, Agni, es necesario en todas las ceremonias; es el destinatario de las diferentes oblaciones y ofrendas y el *sakshi* o testimonio del ritual. También el agua, símbolo de Varuna, que es santificada por los *mantras* y las oraciones, y a veces se rocía o se sorbe para limpiar impurezas. Las plegarias y recitaciones de *mantras* son asimismo una parte muy relevante del ritual. Es mediante la plegaria como se invocan a los *devas*, y se les pide protección y prosperidad. La repetición del *mantra Gayatri* es especialmente significativa por su arraigo en la sociedad hindú.

Las fuentes tradicionales consideran que hay cuarenta *samskaras* y, de estos, dieciséis especialmente relevantes. Algunos de ellos son:

Samskaras prenatales:
- *Garbhadana*, la ceremonia de la concepción. Conociendo el *ritu* o el ritmo del periodo menstrual de la mujer, se fija adecuadamente el día y el momento apropiados para la concepción. La antigua tradición expone que cuanto más alejado sea el momento de la concepción de la última menstruación, más brillante será el neonato. Algunos de los *mantras* utilizados en este sacramento son: «Que podamos tener hijos brillantes y que siempre los acompañe la abundancia. Que podamos hacer ofrendas generosamente.

Que podamos lograr la liberación, *moksha*, que los *devas* te preparen para la concepción [...]. Que los dioses den una forma bella a tu hijo.» Hay que recordar también que en el hinduismo tradicional la procreación es un deber hacia los antepasados.

- *Pumsavana*. Entre el segundo y el cuarto mes de embarazo, antes de que el feto empiece a moverse, tiene lugar este *samskara* para pedir un hijo varón (a fin de mantener la continuidad de la familia).
- *Simantonnayana*. Tiene lugar entre el quinto y el octavo mes del embarazo. Es alrededor de este periodo cuando la mente del embrión comienza a formarse. Durante el rito se pide que el futuro bebé sea bien proporcionado, que tenga un intelecto agudo y penetrante, y que sea bello y bien formado.

Samskaras de la infancia:

- *Jatakarma* es el *samskara* del nacimiento. En el mismo momento del nacimiento se recitan *mantras* para apartar las fuerzas negativas, y se enciende un fuego ritual para purificar y proteger a la madre y al hijo. Se corta el cordón umbilical. En el transcurso del ritual se invoca a la Madre Tierra pidiéndole que el hijo «viva durante cien años» y se recitan otros himnos que invocan fortaleza, valor y fama: «Seas fuerte como una piedra, un hacha para los enemigos, seas imperecedero como el oro.» Al final de la ceremonia es habitual distribuir regalos y ofrendas a los brahmanes, a los necesitados y a las personas del entorno.
- *Namakarana* es el *samskara* en que el bebé recibe el nombre. Normalmente tiene lugar diez u once días después del nacimiento. Asvalayana dice que los nombres de los

niños han de tener un número par de sílabas y los de las niñas, impar y acabar en «i» o «a». El nombre ha de ser fácil de pronunciar y agradable al oído. Es común la práctica de escoger el nombre según el *nakshatra* —el astro, estrella o casa lunar— bajo la influencia del cual ha nacido el bebé. A partir de la Edad Media, coincidiendo con el crecimiento de las diferentes escuelas devocionales, se extendió la práctica de dar nombres de dioses a los hijos, ya que cada vez que se los llamaba, se repetía el nombre de la divinidad.

- *Annaprasanna* acontece alrededor de los seis meses, el primer día que el niño, hasta entonces alimentado solo de leche materna, recibe por primera vez alimentos sólidos. En la tradición, esta primera comida se prepara mientras se repiten diferentes *mantras* que transfieren la cualidad de su sonido al alimento, purificándolo.
- *Chudakarana* tiene lugar a los tres años, cuando se afeita la cabeza del pequeño por primera vez. Hasta ese momento no se le había cortado el pelo, que, según Sushruta, era una protección. Los *mantras* asociados a este ritual piden longevidad, fortaleza, pureza, prosperidad y belleza.
- *Upanayana* significa, según el Atharva-veda, 'hacerse cargo del estudiante'. Este *samskara* puede tener lugar a los ocho, once o doce años contados desde la fecha de concepción. El *upanayana* es una iniciación, un segundo nacimiento, en que el gurú se convierte en el padre y la diosa Gayatri, en la madre del niño iniciado. Desde este momento, el joven puede estudiar los Vedas y participar de determinados rituales. Comienza su vida espiritual, cualidad que lo diferencia de la vida más animal o ins-

tintiva que había llevado hasta entonces. El joven recibe de su gurú el *mantra Gayatri*, el más importante de los *mantras* védicos. Su maestro pide fortaleza, iluminación y larga vida para el joven y le entrega el *yajnopavita*, el cordón sagrado que llevará el resto de su vida. En un momento de la ceremonia, el chico ha de mirar el sol, de quien se le demanda que aprenda el sentido del deber y de la disciplina, y reza para obtener esas virtudes.

En los textos antiguos se encuentran abundantes referencias que muestran que, en la época védica, las chicas también recibían la iniciación del *upayana* y participaban en la educación de los Vedas. Hay que recordar que mujeres como Apala, Romasha, Lopamudra y Urvashi, entre otras, fueron *rishikas* a quienes se les revelaron himnos del Rig-veda, por no mencionar la profundidad metafísica de los diálogos de Gargi con el sabio Yajñavalkya en la Brihadaranyaka-upanishad, texto donde encontramos también el nombre de Maitreyi. Con el paso del tiempo, la iniciación más importante de las chicas se convirtió en el *vivaha*, el casamiento, y su marido pasó a tener la función de gurú.

Samskaras de la vida adulta:
- *Vivaha*, el casamiento, el más importante de los *samskaras*, con el cual el individuo entra en el estadio de *grihastha* o cabeza de familia, para así tener descendientes y cumplir su deber con los antepasados. Para participar del mundo ritual védico, el casamiento es una necesidad, ya que ritualmente se concibe que «el hombre es una mitad y la mujer la otra mitad». En el curso de una elaborada ceremonia ritual, mientras da la mano a quien será su esposa, el marido

repite: «que puedas vivir conmigo hasta la vejez. Yo soy el Cielo, tú eres la Tierra. ¡Casémonos!» La ceremonia está llena de complejos detalles rituales de marcada simbología: los futuros esposos señalan la Estrella Polar, dan siete pasos juntos y caminan alrededor del fuego, que se convierte en el testigo de su sagrada unión. *Vivaha* etimológicamente significa 'sostener, dar apoyo'. ¿A qué? Al *dharma*, puesto que el *samskara* del *vivaha* completa el desarrollo de carácter humano que había comenzado en el embrión.

Antyeshti es el último de los *samskaras* y corresponde a la ceremonia de la cremación del cuerpo. Quemar el cadáver se entiende como un medio que ayuda al alma a abandonar el cuerpo para volver con sus antepasados. En este contexto del ritualismo védico, la muerte no se considera el fin del ser humano, sino solo una separación entre el *jiva*, el alma individual, y el cuerpo. Durante el ritual se recitan plegarias como: «Que el órgano de la vista vaya hacia el Sol; que el *prana*, la energía vital, se funda en la atmósfera; que de acuerdo con tus acciones virtuosas vayas al lugar que te sea beneficioso, ya sea al cielo, a la tierra o a las regiones de agua.»

De acuerdo con esta concepción ritual, la vida del ser humano se considera un ciclo sagrado desde el momento de la concepción hasta la cremación. En la actualidad, frente a la desacralización creciente de la vida, los rituales de los *samskaras* aún continúan vivos, pero gran parte de la tradición hindú los va descuidando. Con la desaparición de los *samskaras* y de su significado, se pierde una milenaria y rica cosmovisión.

VI

MARGA
LOS CAMINOS

La palabra sánscrita *marga* proviene de la raíz *marg*, que significa 'buscar, esforzarse'; también podría derivarse de la raíz *mrij*, 'seguir, buscar'. Un *marga* es un camino hacia la divinidad, hacia nuestra esencia, hacia la trascendencia de la finitud y la limitación. En el hinduismo hay una sorprendente diversidad de caminos o *margas* que, a grandes rasgos, pueden clasificarse en dos grandes grupos: el *pravritti marga* y el *nivritti marga*. El *pravritti marga*, el camino de la acción en el mundo, es una vía que integra las prácticas y las enseñanzas en la vida cotidiana, con énfasis en los deberes familiares y sociales. El *nivritti marga*, por otro lado, es el camino del abandono de las actividades, que comporta un intenso componente de ascesis y de renuncia. Este insta al adepto a apartarse de las actividades y las obligaciones sociales y a vivir al margen de los valores aceptados por la sociedad con la finalidad de dedicar su vida íntegramente a la contemplación o a la práctica yóguica. Textos de gran antigüedad del hinduismo ya hacen referencia a extraños ascetas, a veces denominados *munis* —que guardan silencio—, *keshis* —de cabellos largos—, *yatis* —que deambulan sin destino— o yoguis enigmáticos.

En el mismo Rig-veda leemos:

> Los *munis*, ascetas silenciosos vestidos de viento,
> llevan prendas de ropa manchadas de amarillo;
> siguen el rápido curso del viento;
> los *devas* han entrado en ellos.
>
> Dichosos dicen: por [el poder de] nuestras austeridades,
> hemos cogido los vientos como corceles;
> vosotros, hombres mortales,
> solo podéis ver nuestros cuerpos.[1]

Más de mil años después, Shankaracharya, el ilustre exponente del Advaita Vedanta, expresa en estos versos la presencia de la misma tradición ascética y yóguica:

> Trascendiendo el apego al cuerpo; establecidos en la experiencia directa del *atman* (y reconociéndolo) como su propio ser; libres de las ataduras del espacio y del tiempo; benditos son estos que visten el *kaupina*.[2]

La referencia a los yoguis, a sus poderes y a su forma de vivir, la encontramos también en las tradiciones del sur de la India. Tirumular, uno de los yoguis y adeptos de mayor renombre del shivaísmo, los describe así en el Tirumantiram:

> Sin ilusiones, sin ignorancia, sin inteligencia;
> sin el apego a los abrazos de las doncellas de ojos rasgados.
> Establecidos en su propio ser, en soledad, permanecen

---

[1] Rig-veda, X,136,1-4.
[2] Kaupina Panchakam, 3. *Kaupina*, una prenda de ropa atada alrededor de la cintura y otra que tapa, recoge, los genitales. La utilizan con frecuencia los ascetas y *brahmacharis* que observan el celibato.

en Shiva-Shakti, en el Uno,
así son los *mahatmas* con la ropa de Shiva.[3]

El Periya Puranam de Sekkizhar, un texto de gran relevancia del Shaiva Siddhanta o shivaísmo del sur de la India que narra las vidas de los sesenta y tres *nayannars* o *mahatmas* shivaítas, relata la vida de Tirumular. El texto narra la historia de uno de los *siddha* yoguis que vivía en el Himalaya, cerca de la montaña sagrada de Kailas, que había recibido la enseñanza de los Shiva Agamas (textos revelados del shivaísmo) del mismo Señor Shiva. El yogui emprendió un viaje hacia el sur de la India para encontrar a su amigo, el sabio Agastya, que vivía retirado en las montañas de Podiya. En el transcurso del camino, el yogui ofreció su respeto y adoración a diferentes *tirthas* o lugares sagrados y templos hasta llegar a Chidambaram, en el sudeste de la India, donde ofreció su adoración a Shiva Nataraja, Shiva en su aspecto de Señor de la Danza Cósmica. Unos días después, finalizadas sus abluciones en el río sagrado Kaveri, el yogui pasó cerca de un rebaño de vacas que gemían alrededor de un joven pastor muerto. El yogui sintió una inmensa compasión y consideró que su deber era aliviar el sufrimiento de aquellas criaturas. Se dirigió a un bosque cercano y buscó un lugar escondido y retirado; con su poder yóguico, salió de su cuerpo y entró en el cuerpo del joven pastor, llamado Mular, quien de repente se levantó y condujo las vacas al pueblecito contiguo para dejarlas en los establos, y se retiró a meditar en un templo consagrado a Shiva. A medianoche, en plena meditación, repentinamente apareció la mujer del pastor y lo tomó afectuosamente de la mano para volver juntos a casa. El yogui se

[3] Tirumantiram, VI,12,1678.

apartó y le respondió que no era su marido y que no tenía nada que ver con ella. La mujer del pastor volvió a casa angustiada. Al día siguiente reunió a los ancianos del pueblo y les pidió que fueran al templo, a hablar con su marido. Los ancianos se acercaron al templo, donde vieron el resplandor que emanaba del cuerpo del joven, y después de hablar con él reconocieron que era un gran yogui y constataron que el joven pastor había hecho una transformación inexplicable y que difícilmente podría adaptarse a su vida anterior. El yogui dejó el templo y fue a buscar su cuerpo escondido en el bosque, pero el Señor Shiva lo había hecho desaparecer. Fue entonces, según la historia del Periyapuranam, cuando el yogui Mular, también llamado Tirumular, se sentó en meditación bajo un árbol y entró en el estado de *shiva-yoga* o unión con Shiva. Una vez al año salía de este profundo estado de absorción para escribir un verso, hasta que completó el Tirumantiram, que contiene 3.000 versos, y es una de las escrituras yóguicas shivaítas más relevantes. Como ocurre a menudo en el hinduismo, la datación de la vida de Tirumular no es sencilla. Algunos expertos la fijan hacia el 5500 a. C., otros afirman que fue contemporáneo de Patañjali y que los dos vivieron en Chidambaram, mientras que también hay eruditos que la sitúan entre los siglos II-VIII d. C.

1 EL YOGA

La palabra *yoga* es uno de los términos del hinduismo más conocidos y utilizados en Occidente: proviene de la raíz del verbo *yuj*, 'unir, juntar'. Esta unión tiene dos connotaciones principales. Por un lado, puede significar 'unión', y hacer referencia a la unión entre la conciencia individual y la Conciencia Suprema, entre el yo y la divinidad. Por otro lado, con el significado de 'yugo' denota el proceso, el camino y la disciplina que llevan a la unión con el propio ser. En Occidente se ha difundido una acepción muy reduccionista de lo que el yoga significa, y muchas veces se asocia a un reducido número de posturas físicas o de métodos de respiración. En la tradición del hinduismo, la voz *yoga* tiene un significado mucho más rico, tal como lo expresan algunas de las definiciones tradicionales que aparecen en diferentes textos: «El yoga es el firme control de los sentidos», dice Yama en la Katha-upanishad. Krishna, en la Bhagavad-gita, expone diferentes definiciones: «Al estado de ecuanimidad (*samatva*) se lo denomina *yoga*», «se conoce como *yoga* la separación del contacto con el dolor», o «el yoga es la destreza en la acción». El Brahmanda-purana afirma que «Yoga es poder —dominio, esplendor (*aishvarya*)», y Patañjali lo define como «la cesación de las modificaciones de la mente».

En los restos arqueológicos más antiguos —fechados entre el 2800 y el 1400 a. C.— de la civilización indoaria del Indo-Saraswati, como los de Harappa, los de Mohenjo-daro o los de Lothal y Kalibangan, ya se encuentran grabados de terracota con motivos e imágenes de personas en posturas clásicas de *hatha-yoga*. También reproducen un motivo parecido al conocido grabado con la forma de Pashupati (el Señor de las Bestias), una forma de Shiva en postura de meditación yóguica. La tradición del yoga *marga* es mucho más antigua. En la Bhagavad-gita, un texto anterior a nuestra era, Krishna expone a Arjuna que el yoga que le enseña pertenece a una sabiduría ancestral (*puratanah*), le recuerda que se lo ha transmitido porque es su devoto y amigo y, a la vez, le declara que este conocimiento es un conocimiento secreto (*uttamam rahasyam*).

Tal como apunta Mircea Eliade, el yoga está presente en todas partes, no solo en la literatura sánscrita y en la de las lenguas vernáculas, sino también en las tradiciones orales de la India, hasta tal punto que es cierto que el yoga ha acabado convirtiéndose en una de las dimensiones características de la espiritualidad hindú.

El Raja Yoga: el camino de la concentración y la meditación

El tratado más antiguo, completo y sistemático que se conoce en la tradición del yoga son los Yoga-sutras de Patañjali, integrados por 195 *sutras* o aforismos, divididos en cuatro capítulos o *padas*. Compuesto entre los siglos II a. C. y II d. C., es una obra extremadamente concisa que a lo largo de los siglos ha sido comentada por relevantes conocedores de la tradición yóguica, como es el caso de Vyasa, autor del Yoga Bhashya, el comentario más antiguo y de mayor autoridad. Otros comentaristas relevantes han sido Vachaspati Mishra, Vijñana Bhikshu, Raja Bhoja, Sadashiva Brahmendra y un largo etcétera.

El propósito del método del Ashtanga Yoga (que es como se conoce el Yoga de Patañjali, integrado por ocho [*ashta*] miembros [*anga*]) es aislar el *purusha*, la conciencia, de la materia primordial, la *prakriti*. Los primeros *sutras* nos muestran la esencia de este camino:

> El yoga es la cesación de las modificaciones de la mente.
> Entonces el observador, *drashtuh*, descansa en su naturaleza esencial.[4]

[4] Yoga-sutras de Patañjali, I, 2 y 3.

VI MARGA. LOS CAMINOS

En el comentario al primer *sutra*, Vyasa habla de los diferentes estados de la mente, que según su análisis son:

- *mudha* u opacidad, el estado en que hay una tendencia hacia la inercia y la confusión;
- *kshipta*, el estado de distracción e inquietud de la mente;
- *vikshipta*, el estado en que la mente está dispersa, inestable y se mueve, oscilante, de objeto en objeto;
- *ekagrata*, la mente enfocada, concentrada, atenta, un estadio de la mente en que la concentración se torna estable;
- *nirodha*, que corresponde a una mente totalmente aquietada, en la cual todo pensamiento y movimiento han cesado.

Vyasa expone que los primeros tres estados mentales pertenecen a las mentes no yóguicas, aún apegadas al mundo relativo, mientras que los dos últimos —*ekagrata* (mente concentrada) y *nirodha* (mente aquietada)— pertenecen a estados purificados o yóguicos. Hay que recordar que las modificaciones de la mente, los *vrittis*, están siempre determinadas por el *guna* o la modalidad de la *prakriti* que se manifiesta en cada momento determinado. Cuando *sattva* es el *guna* predominante, la mente está calmada, tranquila, contentada y dichosa; cuando *rajas* es el *guna* predominante, la mente está agitada, llena de deseos, inquieta y pasional; cuando *tamas* es el *guna* que predomina, la mente está confusa, pasiva, deprimida, triste, ofuscada, pesada. Estos *gunas* se combinan entre ellos y están en proceso de cambio y alternancia constantes en la mente del ser humano. El propósito del proceso de la práctica yóguica, con todas sus variadas disciplinas, es que disminuyan *tamo guna* y *raja guna* para que predomine *sattva guna*. En la culminación de este proceso, el yogui consigue desidentificarse de los diferentes estados mentales y de los *gunas* mismos, hasta que, pasando por diferentes estadios de *samadhi* o absorción, queda firmemente establecido en el *purusha*, la conciencia inmutable. Cuando el yogui no se identifica ni es afectado por los tres *gunas*, se lo denomina *gunatita*. En la Bhagavad-gita, Krishna expone así el estado del yogui que ha trascendido los *gunas*:

> El que está sentado, indiferente, no perturbado por los *gunas*, y sabiendo que son los *gunas* los que actúan, se mantiene firme y estable. Siente lo mismo en el placer y en el dolor; recogido en sí mismo; para quien un trozo de tierra, una piedra y el oro son iguales; para quien lo agradable y lo desagradable son lo mismo; imperturbable frente a la censura y a la alabanza.[5]

Los ocho pasos tal como los expone Patañjali en los Yogasutras son: *yama*, las restricciones; *niyama*, las observancias; *asana*, la postura; *pranayama*, el control de la respiración; *pratyahara*, la interiorización de los sentidos y de la mente; *dharana*, la concentración; *dhyana*, la meditación, y *samadhi,* la absorción. Hay que tener presente que el proceso yóguico requiere una transformación de la persona en todos los niveles: físico, energético, mental, emocional, intelectual y espiritual. El yoga de Patañjali, como la mayoría de los caminos tradicionales, tiene su fundamento en una conducta y una actitud ética perfeccionadas, sobre las cuales se construirá su edificio.

---

[5] Bhagavad-gita, XIV-23 y 24.

Los cinco *yamas* o abstenciones son:

- *Ahimsa*, la no violencia, es considerada la virtud cardinal de la cual dependen todas las demás, y se basa en la compasión hacia todos los seres. La no violencia ha de ser practicada en tres niveles: física, verbal y mentalmente. El Mahabharata la exalta como la virtud más elevada: *ahimsa paramo dharmah*.
- *Satya*, la veracidad, abstenerse de la mentira. La virtud ética de la veracidad es siempre exaltada en muchos textos del hinduismo. En el Mahanirvana-tantra encontramos: «La verdad es la forma misma del Absoluto (Brahman). La verdad es realmente la mejor forma de ascetismo. Todas las actividades (han de estar) arraigadas en la verdad. No hay nada más excelente que la verdad.»[6] Una expresión popular en el hinduismo indica: «Di lo que es placentero, pero no digas aquella verdad que puede dañar», haciendo hincapié en que incluso la verdad puede ser reprobable si se utiliza para hacer daño innecesariamente.
- *Asteya* designa la abstención de robar, de no apropiarse indebidamente de los bienes de otros. Patañjali expone que al yogui establecido en esta virtud le llegan todas las formas de riqueza, material y espiritual.
- *Brahmacharya*, el celibato, la continencia, la sublimación de la energía sexual convirtiéndola en energía mental, intelectual y espiritual. Tradicionalmente se considera *brahmacharya* abstenerse de la actividad sexual en tres niveles: a nivel físico, en el pensamiento y en la palabra. Los textos del yoga consideran que el apego al estímulo

---

[6] Mahanirvana-tantra, IV,77.

sexual es un obstáculo para la liberación; y exponen que el yogui debe evitar la pérdida del fluido sexual, que sublimado se convertirá en *ojas*, o energía vital, tan importante para el proceso yóguico. *Brahmacharya* aporta vitalidad a nivel físico, mental y espiritual, siendo una gran ayuda para la concentración de la mente.

- *Aparigrahah*, no codiciar posesiones más allá de las propias necesidades; en ocasiones se interpreta también como la no acceptación de obsequios y favores innecesarios. El yogui intenta llevar una vida sencilla y, en este contexto, el exceso de posesiones se considera como una distracción para la mente. Por esta razón, a menudo la vida de renuncia es parte integral de la vida yóguica.

Patañjali destaca que los *yamas* son los grandes deberes, son universales y no están limitados ni condicionados por el lugar, el tiempo o la circunstancia. Para el Raja Yoga, estas virtudes son los fundamentos esenciales del camino que lleva a la concentración, la meditación y el *samadhi*.

El segundo miembro o peldaño del Yoga de Patañjali son los *niyamas*, las prácticas, disciplinas u observancias. Hay que recordar que si el practicante no tuviera una fuerte aspiración y una intensa motivación por el camino espiritual, estas normas serían solamente represivas o inhibidoras, y se convertirían en mecánicas y fútiles. Los cinco *niyamas* son:

- *Saucha*, la pureza y la pulcritud. En su aspecto externo y físico se refiere a las normas de limpieza del cuerpo, a la observancia de una dieta pura y adecuada, al cuidado en el vestir y en la vivienda, etc. En su aspecto interno hace referencia a mantener la mente libre de envidia, odio, orgullo, celos, lujuria, pasión y otras emociones negativas.

- *Santosha*, el contentamiento; para el hindú es una expresión de la renuncia y de la indiferencia positivas que conducen a la ecuanimidad a través del abandono de los deseos, de vivir dichosamente con aquello que la vida nos aporta. Tal como dice Swami Jyotirmayananda:

> Toda forma de placer puede ser superada por otra, pero la dicha que surge del contentamiento es insuperable. El yogui, instalado en el contentamiento, no depende de las circunstancias externas para su felicidad, y experimenta la dicha de su propio ser por medio de la mente purificada.[7]

- *Tapas*, la austeridad, la disciplina. Controlar la alimentación, minimizar las necesidades, reducir las horas de sueño, hacer voto de silencio, buscar la soledad, dedicar tiempo a la práctica espiritual, son considerados aspectos de la práctica de *tapas*. El *tapas* purifica la mente, el cuerpo y los sentidos. La palabra *tapas* viene de la raíz del verbo *tap*, 'quemar', y significa calor, haciendo referencia a la energía interior que se genera por medio de las prácticas ascéticas. Tal como expresan los textos antiguos, el yogui produce el calor del *tapas* en su propio cuerpo y mantiene vivo el fuego en sí mismo a través de la intensa práctica que quemará sus impurezas y limitaciones hasta llevarlo a una conciencia superior. Hay que recordar que los textos recalcan que *tapas* no significa torturar el cuerpo ni practicar ascesis que puedan dañarlo.

---

[7] Swami Jyotirmayananda, *Raja Yoga Sutras*, Yoga Research Foundation, Miami, 1978, p. 143.

- *Svadhyaya*, el estudio de los textos sagrados. Tradicionalmente, *svadhyaya* incluye el estudio y la recitación de textos sagrados, así como la repetición de *mantras*. Purifica la mente y es una excelente preparación para la concentración y la meditación. Es por medio del *svadhyaya* como el yogui absorbe el conocimiento y la sabiduría de los grandes *rishis* y maestros que a lo largo de la historia han llevado la antorcha del conocimiento del *atman*. El estudio y la contemplación de las Upanishads, el Mahabharata, la Bhagavad-gita, los textos del Yoga y el Vedanta, o los escritos del propio gurú lo ayudan a incrementar la devoción y la concentración, y a desarrollar el discernimiento.
- *Ishvara pranidhana*, la entrega y la devoción a la divinidad. Libera al practicante de la esclavitud de los deseos mundanos y lo hace confiar en la divinidad que lo nutre y que sostiene la totalidad del universo. En uno de los Yoga-sutras, Patañjali expone que *ishvara pranidhana*, o la entrega a la divinidad, lleva a la perfección del *samadhi*.

El tercer miembro o paso del Raja Yoga es el *asana* o la postura. El yogui, ya concentrado en su camino y con una sólida base, comienza a trabajar su propio cuerpo. Para Patañjali, *asana* es inmovilizar el cuerpo: no habla de la serie de *asanas* que describen otros textos. El *asana* o la postura ha de ser firme y confortable. Por medio de la práctica del *asana* con perseverancia al yogui le es posible mantener la inmovilidad durante largo tiempo; según Patañjali, es entonces cuando el practicante ya no está perturbado por las dualidades.

El cuarto miembro es *pranayama*, el control de la respiración. En la medida en que el yogui puede estarse quieto, empieza a tomar conciencia de su respiración y observa como esta se relaciona con el estado de su mente. Así, regulando la respiración con concentración, el yogui puede alterar la energía vital de su cuerpo. Se considera que el *pranayama* tiene tres variantes; el movimiento externo o exhalación, el movimiento interno o inhalación, y la detención total o retención de la respiración denominada *kumbhaka*. Patañjali expone que aún hay un cuarto tipo de *pranayama*, que se llama *kevala kumbhaka*, del cual los textos de Hatha Yoga y los Yoga-upanishads hablan en detalle. En esta culminación del *pranayama* no hay ni esfuerzo ni volición; la mente del yogui está tan aquietada, que el *prana* queda completamente armonizado y la respiración por ella misma se va reduciendo hasta la cesación en periodos cada vez más largos de tiempo. El yogui que disfruta de este *kumbhaka* se regenera física y mentalmente, y goza de una intensa paz y plenitud internas.

El quinto *anga* o miembro del Ashtanga Yoga es *pratyahara*, que consiste en apartar los sentidos de sus objetos. El yogui ha empezado el camino con unas disciplinas éticas, unas prácticas diarias, ha controlado la postura y la respiración, y ahora está preparado para cerrarse a los estímulos externos. Según Patañjali, *pratyahara* se da cuando los sentidos se separan de sus objetos respectivos y vuelven a la fuente de la mente. Un ejemplo común en la literatura sánscrita es el de una tortuga que retira todos sus miembros del exterior. Según los Yoga-sutras, por medio de la perfección del *pratyahara*, el yogui consigue el absoluto control de los sentidos. Los cinco pasos del Ashtanga Yoga que hemos visto hasta el momento se consideran externos, *bahiranga*; los tres pasos finales son internos o *antaranga* y están relacionados con la parte psíquica de la persona.

El sexto miembro es *dharana*, la concentración. La palabra *dharana* deriva de la raíz del verbo *dhri*, 'mantener'. Tal como expone Patañjali, *dharana* o la concentración es vincular la mente a un solo lugar o punto. El estadio de concentración o *dharana* no es fácil de conseguir, ya que la mente tiene una clara tendencia a la dispersión. El yogui ha de estar plenamente presente en su práctica y todos los pasos anteriores han de estar ya alcanzados. Una conocida frase del Mahabharata dice que es posible estar sobre un canto o sobre un cuchillo afilado, pero es muy difícil para una persona no preparada permanecer en la concentración del yoga.

En este contexto, Patañjali, excelso observador de los procesos mentales, expone que para establecerse en el yoga hay nueve obstáculos que causan malestar a la mente y que el yogui ha de superar: la enfermedad, la inercia o falta de interés, la duda, el descuido o negligencia, la desidia o pereza, el apego a la gratificación sensorial, la ilusión o el falso conocimiento, la incapacidad de lograr estado yóguico alguno o la falta de perseverancia, y la inestabilidad o incapacidad de mantener el progreso yóguico ya logrado. Para apartar estos nueve obstáculos y distracciones mentales, Patañjali aporta el remedio infalible de *abhyasa* (la práctica continuada, la perseverancia en el camino) y de *vairagya* (desapego de todo lo que existe en el reino de la temporalidad). Los dos términos son considerados dos joyas preciadas que todo yogui ha de cultivar con gran cuidado en todo momento. Tal como afirma Krishna: «Sin duda, oh, Arjuna, la mente es bulliciosa y difícil de controlar, pero se la puede contener mediante *abhyasa*, la práctica continuada, y *vairagya*, el desapasionamiento.»[8]

---

[8] Bhagavad-gita, VI-35.

El séptimo *anga dhyana* es la meditación. La concentración prolongada lleva al yogui de forma natural hacia el estado de meditación, en el que el objeto de concentración ocupa todo el espacio de la mente sin ninguna distracción. Para Patañjali, *dhyana*, la meditación, es un flujo ininterrumpido de concentración (dirigido hacia el mismo punto).

El octavo y último miembro del Ashtanga Yoga es el *samadhi*. Para Patañjali, *dhyana*, la meditación, se convierte en *samadhi* o absorción cuando la mente se vacía por completo y solo el objeto de meditación brilla en el interior. Los Yoga-sutras mencionan diferentes tipos de *samadhi*, que básicamente pueden agruparse en *samprajñata samadhi* (el *samadhi* en el cual existen la identificación y fusión con un objeto) y *asamprajñata samadhi* (la total identificación con el *atman* libre de todo contenido mental). La culminación del yoga tiene lugar cuando el yogui llega a este segundo *samadhi* que comporta una total transformación de su conciencia.

Según Patañjali, el estado de *samadhi*, o total absorción, destruye las impresiones latentes o *samskaras* de la mente del yogui, y lo lleva a la culminación del proceso denominado *Dharma megha samadhi* (literalmente, 'la niebla o lluvia de la virtud'). En este estadio, todas las aflicciones y los efectos kármicos quedan destruidos, los velos de la ilusión desaparecen y el conocimiento del yogui se vuelve ilimitado. En este estado, el yogui no tiene nada más que lograr y está dichosamente absorto en la absoluta plenitud de su propia esencia, el estado del *kaivalya*. Para alcanzar este estado, a lo largo del tiempo, incluso reyes y emperadores lo han abandonado todo. Tal como dice Krishna: «La felicidad suprema llega a ese yogui libre de impurezas, de mente totalmente calmada, que ha aquietado su pasión y se ha convertido en Brahman.»[9]

El conocimiento que deriva de la práctica yóguica es completamente experimental, es decir, no es posible sin recorrer el camino con todo lo que comporta, con la actitud ética, las purificaciones, la práctica intensa, el ascetismo y la guía sabia de un maestro cualificado. En el Yoga-bhashya, Vyasa dice que hay que conocer el yoga por medio del yoga; el yoga se manifiesta por medio del yoga.

La tradición inmemorial del yoga continúa viva a lo largo de los milenios gracias a la transmisión de maestros y adeptos que han llegado a esos estados de trascendencia y han hecho asequible el camino a nuevas generaciones. Se trata, sin duda, de una de las mayores aportaciones del hinduismo a la humanidad.

El Bhakti Yoga: el camino de la devoción y el amor a la divinidad

La palabra sánscrita *bhakti* proviene de la raíz del verbo *bhaj*, que significa 'devoción, adoración, afección, amor'. Ya en los Vedas y en las Upanishads se expresa una profunda reverencia, devoción y sentimiento de sacralidad. Dice la Shvetashvatara-upanishad: «Salutaciones a la divinidad que está en el fuego, que está en el agua, que penetra la totalidad del universo; que está en las plantas y en los árboles, ¡salutaciones!»[10]

---

[9] Bhagavad-gita, VI,27.
[10] Shvetashvatara-upanishad, II,7.

VI MARGA. LOS CAMINOS

La milenaria tradición de la *bhakti* la encontramos expuesta en los Vedas, en la Bhagavad-gita y en los Puranas, pero encuentra su plena expresión en el Bhagavata-purana, los Bhakti-sutras de Narada y los Bhakti-sutras de Shandilya. En los seis primeros *sutras* del texto de Narada se dice que la naturaleza de la *bhakti* es *parama prema*, el amor supremo por la divinidad, y que su esencia es la inmortalidad. Y a continuación, Narada describe sus efectos con estas palabras:

> Cuando logra [el amor supremo], el devoto se vuelve perfecto, inmortal y completamente satisfecho. Entonces [el devoto] ya no desea nada más, ya no se lamenta por nada, no odia nada ni se deleita en nada más, y ya no se esfuerza por conseguir ninguna otra cosa. Después de conocerlo [el devoto] se queda como ebrio, totalmente aquietado [en su propio éxtasis], y se deleita en el *atman*.[11]

La devoción, la adoración, el amor y la entrega incondicional son sentimientos profundos en el ser humano que bajo la guía adecuada pueden convertirse en medios poderosos hacia la liberación. Así como en el Raja Yoga el énfasis radica en la purificación, la concentración y el aquietamiento de la mente, en el Bhakti Yoga el énfasis es en la purificación, la transmutación y la focalización de la poderosa energía emocional de la persona hacia la divinidad. El sabio Shandilya describe la *bhakti* como *para anurakti*, el apego absoluto a la divinidad. El *bhakti marga* exige el recuerdo constante de la divinidad, sea esta concebida como Ishvara (divinidad con atributos, *saguna*, como pueden serlo Rama, Krishna, Durga o Shiva) o como Brahman (la realidad trascendente, más allá de todo nombre, forma y atributo, *nirguna*).

---

[11] Narada Bhakti-sutras, IV al VI.

El proceso del Bhakti Yoga consiste en trascender todo apego al mundo relativo por medio del intenso recuerdo y la absorción en la divinidad. Tal como dice Ramakrishna: «En este mundo todos estamos locos, algunos por el oro, otros por las mujeres, y algunos están locos por Dios.» Según los textos tradicionales, el apego a la divinidad es la única afección que no solamente no refuerza la personalidad egoísta sino que ayuda a trascenderla.

Tulsidas fue un importante *mahatma* y poeta que vivió en el norte de la India entre los siglos XVI y XVII, autor de una vasta producción literaria en la que destaca el Ramacharitamanas ('El lago sagrado de los actos de Rama'), la vida de Rama en lengua awadhi, obra que por su belleza poética se ha vuelto tanto o más conocida que el Ramayana original de Valmiki. En las historias sobre su vida, una ejemplifica de manera especial el sentido de este camino de la devoción. Ratnavali, la bella y joven esposa de Tulsidas, fue a visitar a sus padres a un pueblo cercano a Prayag. Tulsidas, en plena noche oscura y en la época del monzón, desesperado e incapaz de soportar la añoranza de Ratnavali, emprendió el camino a través de la jungla para reencontrar a su amada esposa. Según la narración, Tulsidas, inmerso en el dolor de la separación, casi no era consciente de los caminos que recorría y en este estado cruzó el río Yamuna abrazado a un cadáver que confundió con el tronco de un árbol. Al llegar, y para no despertar a la familia que dormía, subió a la alcoba de su esposa, escalando la pared, cogido a una serpiente que confundió con una enredadera. Su esposa, viéndolo en ese estado de agitación, enlodado y agotado a aquellas horas de la madrugada, lo riñó: «¡Oh, Tulsidas, con qué pasión e intensidad amas este cuerpo de carne y hueso! ¡Si pudieras dirigir esa misma viveza de amor hacia la divinidad, la experimentarías enseguida!» Estas palabras tuvieron un efecto trascendental en Tulsidas que, consciente de la evanescencia de toda relación humana, buscó intensamente la divinidad, Rama, en el fondo de su corazón. Tulsidas tuvo el *darshan* o visión de Rama y se convirtió en uno de los *mahatmas* medievales más relevantes, al exponer la no diferencia entre la adoración de la divinidad con atributos (*ishvara* o *saguna Brahman*) y la adoración de la divinidad como el Absoluto trascendente (*nirguna Brahman*).

El camino de la *bhakti* es un camino abierto a todo el mundo, que pide del practicante menos cualificaciones y preparación. A diferencia del yogui, el seguidor del *bhakti marga* raramente desea desaparecer o fundirse en el Absoluto Brahman, ya que quiere disfrutar de su relación con la divinidad. Tukaram, en uno de sus *abhangas* o poemas en marathi, lo expresa así:

> ¿Puede el agua probarse a sí misma?
> ¿Puede el árbol probar sus propios frutos?
>
> El *bhakta* (el adorador) ha de permanecer distinto de Él.
> Solo así podrá conocer el amor dichoso de la divinidad.

En el Srimad-bhagavatam, el devoto Prahlada expone los nueve tipos o aspectos de la *bhakti* que ayudan, elevan y llevan al devoto a la comunión con la divinidad, estadios que a lo largo de los siglos se han convertido en las prácticas más relevantes del Bhakti Yoga. Son:

. *Shravana*: escuchar los nombres, la descripción, las virtudes y las glorias de la divinidad.

- *Kirtana*: cantar y repetir con reverencia y amor los nombres y las alabanzas de la deidad. Suelen cantarse en grupo con una melodía sencilla y repetitiva, con acompañamiento de instrumentos musicales. El *kirtan* puede llevar fácilmente a estados de dicha y expansión interior, y también al *darshan* o a la visión de la deidad.
- *Smarana*: meditar y contemplar amorosamente a la divinidad, sea en su forma o en sus atributos, hasta quedar absorto.
- *Pada sevana*: ofrecer servicio a los pies de la deidad. Los pies de la deidad o del gurú se considera que son especialmente sagrados y contienen su *shakti*, energía y gracia.
- *Archana*: ofrecer adoración diaria a la deidad, ya sea en el altar familiar del devoto o en el templo.
- *Vandana*: arrodillarse con reverencia y amor frente a la imagen de la deidad.
- *Dasya*: el devoto siente que pertenece totalmente a la deidad y se siente esclavo de ella, le ofrece servicio con humildad, reverencia y devoción.
- *Sakhya*: es el sentimiento de íntima amistad y proximidad con la divinidad, a quien el devoto ama como el único y más preciado amigo.
- *Atma-nivedana*: actitud de entrega incondicional a la deidad que corresponde a la fase de trascendencia del ego, en la cual el devoto se reconoce como parte inmortal de la divinidad.

Estas nueve tipologías de la *bhakti* configuran los diferentes peldaños de una escalera que lleva al devoto a la plena absorción en la divinidad. Los textos de la *bhakti* afirman que la práctica de una sola de estas modalidades es suficiente para llevar al devoto hasta el objetivo. Los poemas de *mahatmas* como Tukaram, que han disfrutado de la *para-bhakti*, la devoción suprema hacia la divinidad, expresan plenamente el sentido de este *marga* o camino del hinduismo:

> Krishna es mi madre y mi padre,
> también es mi hermano y hermana, y también mi tío.
> Krishna es mi gurú
> y la nave que me ayudará a cruzar el río de la vida.
> Krishna es mi mente.
> Krishna es mi compañía.
> Krishna es mi relación.
> Tuka dice: Krishna es mi refugio.
> Siento que nunca me separo de Él.

El Karma Yoga: el camino de la acción

El Karma Yoga, el camino de la acción, es un camino de gran relevancia. Todos los seres están constantemente impulsados a actuar, e incluso la inacción es una forma de acción. El universo entero está en movimiento y cambio constantes. El *karma yogui* observa esta acción inherente en el universo, la analiza y, con la guía adecuada, crece y se eleva por medio de la purificación de su actitud con relación a la propia acción. En la Bhagavad-gita, Krishna resume la esencia en una frase corta de gran significado:

> *Yogah karmasu kaushalam.*
> El yoga es la destreza en la acción.[12]

---

[12] Bhagavad-gita, II,50.

Krishna expone diferentes niveles de comprensión, cada vez más sutiles y profundos, que pueden ser entendidos y alcanzados según la capacidad del practicante. Desde un plano relativo o empírico, el Karma Yoga requiere del yogui desarrollar la habilidad en todas sus acciones, ya que esto implica una actitud de presencia, atención y concentración en el momento presente, y reduce así la dispersión mental. En otro estadio, la mente del yogui genera una actitud y un sentimiento de ofrenda de todas sus acciones a la divinidad, de manera que la totalidad de su vida se convierte en una preciosa ofrenda al Supremo. En esta ascensión del practicante, la Bhagavad-gita manifiesta que «destreza» también implica actuar sin esperar el fruto o resultado de la acción. El yogui que adquiere destreza en el Karma Yoga realiza su acción humildemente, tan bien como le es posible, pero con la conciencia de que el resultado de sus acciones solo pertenece a la divinidad. Esta actitud desapegada lo mantiene en un estado de ecuanimidad frente a la ganancia y a la pérdida, frente al mérito y al demérito constantes del mundo relativo.

Krishna expone un significado aún más profundo, que representa la culminación de este *marga* o camino cuando afirma que la auténtica «destreza en la acción» es el pleno reconocimiento de que el único que actúa en este universo es la *prakriti* (la naturaleza primordial) por medio de los tres *gunas* (cualidades de la naturaleza: *satva*, pureza; *rajas*, pasión, y *tamas*, inercia). El yogui, por medio del desapego de su ego a lo largo de las fases anteriores, llega en este punto al reconocimiento de que su propia esencia, el *purusha* (la conciencia), nunca actúa, sino que está siempre libre de todo cambio. El *purusha* no necesita obtener nada porque es *purna* (la plenitud absoluta). Este reconocimiento liberador hace que el yogui tome plena conciencia de su absoluta libertad e infinitud interior, que es el objetivo del Karma Yoga. El Karma Yoga es, sin duda, parte integral de todo *marga*, de todo camino hacia la liberación.

El Hatha Yoga: el camino de la purificación y el esfuerzo

El Hatha Yoga es el aspecto del yoga que hace hincapié en una intensa purificación del cuerpo físico por medio de *shatkarmas* (prácticas de limpieza y purificación), *asanas* (posturas), *pranayamas* (ejercicios de respiración), *mudras* y *bandhas* (gestos y «cierres» energéticos), entre otras cosas, que tienen por objeto el lograr un *divya sharira*, un cuerpo divino, que sea la ayuda perfecta para conseguir la inmortalidad. La palabra *hatha*, que se traduce como 'fuerza' y 'poder', está a la vez llena de simbolismo. De acuerdo con la Yogashikha-upanishad, «la unión del sol y la luna se conoce como *hatha*».[13] La sílaba *ha* representa el sol, y *tha*, la luna, refiriéndose simbólicamente al proceso de unión interior de los dos *nadis* o canales sutiles, denominados *pingala* e *ida*, por los cuales fluye el *prana* o energía vital en el cuerpo sutil del ser humano. Una vez purificados el cuerpo físico y la mente del practicante, el proceso del Hatha Yoga quiere canalizar el *prana* (energía vital) a través del canal central, denominado *sushumna nadi*, con el resultado de despertar la poderosa *shakti*, la energía interior denominada *kundalini*. Este despertar da lugar a todo un proceso de intensa purificación a medida que la energía de la divina *kundalini* ascien-

---

[13] Yogashikha-upanishad, I,133.

de por el cuerpo sutil del yogui a través de los siete centros energéticos principales o *chakras*. Los textos del Hatha Yoga exponen que cuando *kundalini* llega al *sahasrara chakra*, que corresponde a la parte superior del cráneo, tiene lugar la culminación del proceso, la fusión de la conciencia individual con la Realidad Suprema.

El Hatha Yoga se conoce como el yoga del esfuerzo porque requiere de una disciplina y una práctica intensas, de una gran voluntad y fortaleza y, a la vez, de un cuerpo y una mente preparados para este intenso proceso. El objetivo del Hatha Yoga es el *samadhi*, y es cierto que muchos de sus pasos tienen paralelismos evidentes con los del Raja Yoga. A pesar de la conocida antigüedad del Hatha Yoga, fue con la influencia del tantra y de los ascetas *natha* como este camino adquirió relevancia en la Edad Media. Algunos de los textos más destacados son el Hatha Yoga Pradipika, el Gheranda Samhita y el Shiva Samhita. A menudo, el Hatha Yoga que ha llegado a Occidente se ha reducido a una disciplina gimnástica o a un producto de bienestar físico y relajación.

El Jñana Yoga: el camino del conocimiento

El Jñana Yoga es el camino del conocimiento supremo, del conocimiento de Brahman. En este *marga*, la liberación o *moksha* se consigue cuando el adepto reconoce la identidad entre su esencia individual, o *jiva*, y Brahman, la Realidad Suprema. Los textos describen tres pasos en el camino del *jñana*, también llamado Advaita Vedanta, que son: *shravana*, escuchar de un gurú o maestro cualificado la enseñanza upanishádica de la realidad no dual (el gurú del camino del *jñana* ha de ser *shrotriya*, es decir, ha de tener un conocimiento profundo de las escrituras para enseñar adecuadamente, y *brahmanishtha*, es decir, ha de estar firmemente establecido en Brahman); *manana*, recordar y reflexionar intensamente sobre la enseñanza; y *nididhyasana*, la contemplación y meditación de la verdad no dual, que se convierte en natural, constante y transformadora en el adepto, hasta que llega al objetivo del camino con el pleno reconocimiento de *sarvam kalvidam brahma*,[14] «todo esto es Brahman».

La esencia del Jñana Yoga la encontramos en la enseñanza de las Upanishads y en los comentarios tradicionales como los de Gaudapada y de Shankaracharya. Tradicionalmente se considera que el Jñana Yoga es apto para pocas personas, ya que requiere una intensa purificación y preparación interiores. En este sentido, los textos tradicionales insisten siempre en las cualidades necesarias del discípulo para poder acceder a él:

- *Viveka*: discernimiento entre lo real, *sat* (la Realidad Suprema, Brahman), y lo que no es real, *asat* (todo lo que se encuentra en el reino del tiempo, espacio, causa, efecto, nombre y forma).
- *Vairagya*: desapego de todo lo que es *asat*, irreal o temporal, para centrar la concentración y la energía del aspirante en su propia realidad trascendente.
- *Shatsampat* (las seis joyas): *shama* (una mente tranquila y aquietada), *dama* (unos sentidos controlados), *uparati* (concentración en la indagación), *titiksha* (fortaleza para soportar los pares de opuestos como frío-calor,

---

[14] Chandogya-upanishad, III,14,1.

alabanza-insulto), *shraddha* (plena confianza en la enseñanza del gurú y de las escrituras) y *samadhana* (estar en ecuanimidad y en la concentración constante de la Realidad Una).
- *Mumukshutva*: intenso deseo de liberación y de trascender toda limitación.

Con estas cualificaciones, el *jñana* yogui, bajo la guía adecuada y por medio de una intensa práctica de autoindagación o *vichara*, llega a reconocer la plenitud de su ser y adquiere el denominado «ojo del conocimiento» o *jñana chakshus*, y es ya para siempre consciente de la Realidad Suprema.

La tradición del *jñana* es milenaria, y ya en la Antigüedad upanishádica encontramos *mahatmas* como Yajñavalkya, Vashishta y Gargi; más adelante, en la Edad Media, Shankara, Sureshvara y Vidyaranya son algunos de sus exponentes relevantes; y en plena contemporaneidad podemos citar a Ramana Maharshi, Nisargadata Maharaj y Atmananda Krishna Menon, entre otros.

Hoy día, en Occidente crece un movimiento denominado neo-*advaita*. Muchos de sus exponentes, aunque aparentemente beban de las fuentes del *advaita*, niegan la importancia de las cualificaciones del discípulo, ignoran la necesidad —tan subrayada en los textos tradicionales— de las prácticas de purificación interior, y se amparan en un nuevo tipo de «igualitarismo espiritual» o creencia —que muchas veces nace de un escaso conocimiento de la tradición— de que todo el mundo está preparado para la «iluminación instantánea».

2 EL TANTRA

Si un aspecto del hinduismo es mal entendido en Occidente, ciertamente este es el tantra. A menudo encontramos la palabra *tantra* asociada a conceptos como «amor tántrico» o «sexualidad sagrada», que tergiversan el sentido real de este camino.

La voz *tantra* proviene de la raíz sánscrita *tan*, que quiere decir 'extender, elaborar', y que también significa 'doctrina, técnica o sistema filosófico'. El tantra es una tradición milenaria que proviene del centro mismo del hinduismo y que, fundamentada en los Vedas, se basa en la revelación y la doctrina de los Agamas (escrituras reveladas que, como los Vedas, se consideran eternas).

El tantra se diferencia en diversos aspectos de la revelación védica, y aporta nuevas técnicas y aproximaciones yóguicas de gran profundidad y poder. A lo largo de los primeros cinco siglos de nuestra era, la tradición de los Agamas adquirió gran relevancia hasta el punto de que aquello que conocemos como hinduismo tiene, desde hace más de mil años, tanto de tántrico como de védico.

Las Upanishads hablan de la realidad absoluta en sus dos aspectos, inmanente y trascendente, pero hacen hincapié de manera especial en la trascendencia. Los Agamas, en cambio, ponen el énfasis en la inmanencia de la divinidad en la manifestación, sin tampoco olvidar su aspecto trascendente. En la visión tántrica, la totalidad del cosmos es una expresión de la *shakti* o poder de Shiva, que es el Absoluto. A escala microcósmica, el mismo poder existe (de forma latente) en el ser humano y es denominado *kundalini shakti*. El despertar de *kundalini* comporta un proceso de reintegración del yogui en su propia esencia, que es Shiva. El tantra acentúa que el *jiva* (el ser individual) siempre ha sido Shiva, pero no se reconoce como tal dado que su libertad absoluta permanece cubierta por *avidya* o *anavamala*, la impureza que crea la ilusión de la limitación.

La Realidad Absoluta, en su aspecto trascendente y no manifestado, se denomina *shiva*, y en su aspecto activo y manifiesto se denomina *shakti*. La relación *shiva-shakti* es de la misma naturaleza que la relación del fuego con su poder de quemar, o que la de la palabra con su significado: son dos en uno y uno en dos, siempre inseparables. La *shakti* es inherente a *shiva*, y cuando esta *shakti* manifiesta el universo, la realidad se convierte en *saguna* (con atributos y cualidades). Tal como lo expresa Kshemaraja, el gran adepto del shivaísmo de Cachemira: la *shakti* (la energía suprema), impelida por su propia dicha, se deja ir (y se expande como la manifestación).

Los Agamas consideran que en la era actual de *kaliyuga*,[15] la era o edad oscura, la práctica y la adoración expuestas en el tantra son el camino más eficaz para que el adepto pueda disfrutar de *bhukti* (el gozo en el aspecto relativo) y *mukti* (la liberación).

Los textos agámicos están integrados por cuatro partes o *padas*: *jñanapada*, que trata de la metafísica y del conocimiento; *yogapada*, que expone las prácticas yóguicas que llevan a la unión con la Realidad Suprema; *kriyapada*, que trata

---

[15] En la cosmovisión hindú, el tiempo es cíclico, está constituido por cuatro periodos o eras denominadas *yugas*: Satya Yuga, Tetra Yuga, Dvapara Yuga y Kali Yuga, que se suceden ininterrumpidamente. En la actualidad nos encontramos en Kali Yuga, era que comenzó hace 5.115 años y que tiene una duración de 432.000 años humanos.

de la adoración en los templos, la peregrinación y determinados aspectos del yoga, y *charyapada*, que versa sobre los rituales y códigos de conducta. El tantra proporciona un sistema elaborado de *sadhanas* y prácticas yóguicas cuyo objetivo es que el adepto recupere su estado y condición reales, que es el estado de unidad con el Todo. Nos referimos a continuación a algunos de sus aspectos más relevantes:

- El *gurú*: el *tantra* afirma categóricamente que sin gurú no hay camino. El camino del *tantra* comienza con la iniciación, *diksha*, de un gurú cualificado. *Gururupayah*, 'el gurú es el medio', enfatizan los Shiva-sutras, y el Kularnava-tantra lo expresa así: «La raíz de la meditación es la forma del gurú, la raíz de la *puja* o ritual son los pies del gurú, la raíz del mantra es la palabra del gurú, y la raíz de la liberación es la gracia del gurú.»[16]

- El *sishya* (el discípulo): el tantra enfatiza la necesidad de su preparación adecuada para que el camino y las prácticas fructifiquen. El tantra menciona tres temperamentos o disposiciones de los aspirantes según sus capacidades, su potencialidad y el predominio de los *gunas*, y los clasifica como: *pashu* (de naturaleza animal), en quien domina *rajas* con un componente de *tamas*; *vira* (de naturaleza heroica), en quien predomina *rajas* con un componente de *sattva*; y *divya* (de naturaleza divina), en quien predomina *sattva* con algo de *rajas*. El gurú tántrico recomendará unas *sadhanas* o prácticas espirituales específicas de acuerdo con las características del adepto, a fin de dirigirlo en el camino de trascender las limitaciones.

[16] Kularnava-tantra, XII,13.

En casos muy específicos, y siempre bajo la guía experta del gurú, algunos textos como los de la escuela *kaula* proponen ciertos rituales, siempre secretos y minoritarios, como el denominado *panchamakara* o «de las cinco emes», ya que utiliza cinco elementos cuyo nombre sánscrito empieza por esa letra: *madya*, vino; *mamsa*, carne; *matsya*, pescado; *mudra*, cereales, y *maithuna*, unión sexual sacralizada. Se trata de prácticas para algunos adeptos *vira* (de naturaleza heroica), realizadas siempre en un contexto ritual de adoración. Los textos remarcan que una de las cualidades de los consagrantes es la de estar libres de toda pasión y en plena concentración en la divinidad. Esta tipología de rituales forma parte de lo que se denomina el *vama marga*, el camino de la mano izquierda. La mayoría de escuelas tántricas, sin embargo, siguen el *dakshina marga*, el camino de la mano derecha, y consideran que el ritual es puramente simbólico y hace referencia a la unión de *shiva* y *shakti* que tiene lugar en el interior del adepto por medio del ascenso de *kundalini*.

- La *diksha* (iniciación): los Agamas exponen con absoluta claridad que sin iniciación no hay camino. La iniciación es el primer peldaño en el ascenso a la liberación, dice el Paramananda-tantra.
- El *ishtadevata* (la deidad escogida): el tantra considera que el adepto necesita una deidad o aspecto de la divinidad que será su apoyo y ayuda en los rituales y en la contemplación. De la deidad recibirá también bendiciones y ayuda a lo largo del camino.
- El *mantra* (palabra o conjunto de palabras sagradas y de poder espiritual): en el proceso de la iniciación, el gurú otorga un mantra al discípulo. La práctica de la repeti-

ción constante del mantra se denomina *japa*. El mantra puede repetirse a diferentes niveles: *vaikhari* (en voz alta), *upamshu* (susurrándolo) o *manasa* (mentalmente), la forma más poderosa de repetición que exige una elevada concentración. En la práctica de la repetición constante del mantra, el yogui tiene la ayuda de la energía transmitida en la iniciación, pero a la vez ha de ir generando *sadhana shakti*, la energía y el poder que derivan de la propia repetición, a fin de despertar plenamente la *shakti* o el poder del mantra. La concentración que proviene de la repetición del mantra aquieta la mente del devoto y lo dirige a estados expandidos de conciencia. En un último estadio de culminación del proceso, el mantra lleva a quien lo repite con atención plena al *darshana* (visión de la deidad) y a hacerse uno con la deidad del mantra. En el caso de que el adepto no siga una práctica teísta, el *japa* (repetición constante del mantra) lo puede llevar, en un proceso de progresiva purificación mental, a la cesación de todo pensamiento, culminando en la plena absorción en la conciencia o *samadhi*.

- La *puja* (adoración ritual de la deidad): el tantra expone un vasto universo de prácticas rituales con el propósito de ayudar en el proceso devocional y de concentración del adepto. Es habitual que en este proceso de adoración se utilice el apoyo de una *murti* (una imagen de la deidad) o de un *yantra* (una figura geométrica o diagrama que representa la deidad). En adeptos avanzados, la *puja* o adoración ritual puede convertirse en *atmapuja*, la adoración del propio ser. En este caso, el yogui se queda absorto en la dicha del reconocimiento de la infinitud y plenitud de su propia esencia.

La riqueza de medios rituales que los textos tántricos aportan al aspirante es extraordinaria. En este brevísimo apartado no podemos olvidar *nyasa*, el proceso ritual de infusión de energía en el propio cuerpo, el cual, de esta manera, se diviniza; *mudra*, los gestos rituales y simbólicos hechos con las manos en el transcurso del proceso de adoración, y *homa*, las ofrendas y oblaciones rituales al fuego. También forma parte relevante de la tradición tántrica todo el vastísimo conocimiento de la *kundalini* y de los centros energéticos sutiles denominados *chakras*. Hay que recordar, finalmente, que se trata tan solo de medios para conseguir un objetivo y que en ningún caso se han de confundir con el objetivo en sí: el objetivo del tantra es el pleno reconocimiento de la Realidad Suprema. Tal como dice el Mahanirvana-tantra: «La liberación no viene de *japa* (la repetición del mantra), ni del *homa* (ritual diario de fuego), ni de mil ayunos. El ser humano se libera por el conocimiento de que él mismo es Brahman.»[17]

3 A MODO DE CONCLUSIÓN

Las clasificaciones anteriores, muy presentes en la literatura sobre el hinduismo, nos llevan a entender que hay diferentes yogas, como Bhakti, Hatha, Jñana, Raja o el tantra, entre otros. Hay que remarcar que estas clasificaciones, que son útiles para entender los distintos aspectos de las disciplinas que llevan hacia la divinidad, solo existen en los libros y tratados. Cuando leemos las inspiradoras vidas de los *mahatmas* que han recorrido el camino del yoga en toda su

---

[17] Mahanirvana-tantra, XIV,115.

dimensión real, encontramos que el yogui meditador puede ser un devoto entregado y un servidor incansable, y que puede a la vez estar absorto en la sutil contemplación de la no dualidad.

Swami Nityananda Giri, un maestro contemporáneo del sur de la India, contaba una anécdota reveladora fruto de una visita a la ciudad sagrada de Vrindavan (lugar muy visitado por los devotos de Krishna). Allí observó a un *sadhu*, un asceta absorto en profunda meditación. De su rostro emanaba una gran paz interior y él pensó que se trataba de un *raja yogui* muy avanzado. Al día siguiente asistió a un *kirtan* (canto devocional) y vio al mismo *sadhu* que cantaba de todo corazón y plenamente extasiado. Nityananda pensó que ese yogui también era un *bhakta*. Al día siguiente asistió a una comida ofrecida a los monjes y ascetas, y vio al mismo *sadhu* lleno de satisfacción y dicha, sirviendo la comida, acarreando agua y limpiando el comedor. También es un gran *karma yogui*, concluyó Swamiji. La sorpresa vino cuando el último día uno y otro se encontraron, y Swamiji le comentó que su estancia en Vrindavan había sido extraordinaria. El *sadhu*, hasta entonces clasificado como *raja yogui*, *bhakta* y *karma yogui*, respondió: «¿Vrindavan? ¿Dónde está Vrindavan? ¡Vrindavan es el Corazón y Krishna es el *atman*!» En ese momento, Swami lo reconoció como un *jñani* (aquel que está establecido en el conocimiento supremo), ya que solo un *jñani* considera a Krishna como su propio *atman*, y se dio cuenta de su error en intentar clasificar a las personas por su camino o práctica. ¿Dónde empiezan y dónde acaban cada uno de los yogas cuando tienen tanto en común y cuando tienen como apoyo la misma revelación védica? El yoga es una unidad sin las barreras de estas definiciones didácticamente útiles. Shankaracharya fue un gran expositor del camino del *jñana* o *advaita*, y a la vez era un gran yogui que podía dejar su cuerpo a voluntad. Era también un *bhakta*, devoto capaz de componer poemas de una sublime sensibilidad y con un conocimiento profundo del tantra, tal como atestigua su texto Saundarya Lahari ('El océano de la belleza divina'). Las características de los aspirantes son las que, siempre bajo la guía de los maestros, determinarán el *marga* y la disciplina que habrán de seguir en las distintas etapas del camino.

VII

CULTO, TEMPLO Y PEREGRINACIÓN

En la cosmovisión hindú todo lo que existe está penetrado por la divinidad, que es una realidad tangible y a la vez trascendente. El sentimiento de adoración, innato en el ser humano, adopta en esta tradición manifestaciones muy variadas. Son numerosos los objetos de adoración: imágenes, creaciones artísticas de piedra, metal, madera, pinturas y dibujos. Pero también los elementos de la naturaleza, las montañas, los ríos, los árboles, las plantas, los animales, las piedras y los fósiles, entre otros, son medios para adorar a Aquello que trasciende todo nombre y forma.

Los textos sagrados hablan de dos tipos de adoración: la que utiliza una imagen, pintura, dibujo o símbolo de la deidad (*pratika upasana*) con la cual la deidad se concibe con forma (*saguna*), y la denominada *ahamgraha upasana*, sin forma (*nirguna*), que se identifica con la meditación en el Brahman trascendental más allá de todo atributo. La primera está relacionada con la *bhakti*, el yoga de la devoción. La segunda es parte del camino del *jñana* o el yoga del conocimiento.

El devoto neófito no es capaz de reconocer la divinidad en todas partes, y por esto la adoración de una imagen o *murti* constituye un importante apoyo para la concentración y meditación.

Las imágenes de las deidades son más que representaciones artísticas llenas de simbolismo y significado: encarnan la presencia de la deidad. Algunas formas de las imágenes en los templos han sido reveladas en sueños; otras han sido obras de artistas tradicionales que han seguido las normas especificadas en los textos del *shilpa shastra*, los libros sagrados hindúes de arte y arquitectura. La ceremonia de consagración, denominada *prana pratishtha*, y que solo puede llevar a cabo una persona autorizada y preparada, transforma esa talla o imagen, que hasta entonces solo era materia inerte, en una *murti*, una presencia de la deidad, a la cual los devotos acuden para tener el *darshan*, la visión. La mayoría de imágenes son de piedra o de metal (*pancha-loha*, una mezcla de cinco metales nobles). Con frecuencia, el renombre y la fama de un templo dependen del poder de la *murti* que acoge.

1 LA *PUJA*, EL RITUAL DE ADORACIÓN

Puja es un término que significa 'adoración ritual'. El devoto selecciona una forma de la deidad que siente cercana o que le es indicada por su gurú. Esta deidad que podríamos calificar de «personal» se denomina *ishta devata* ('deidad escogida'). A pesar de que cualquier cosa podría ser objeto de adoración, de forma natural se seleccionan los objetos o símbolos que, por su efecto en la mente del devoto, se consideran más adecuados y que se han utilizado en la antigua tradición.

La *puja* es una de las formas rituales por medio de las cuales el devoto puede establecer una relación con la divinidad.

El cuerpo, la mente y la palabra del devoto están absortos en el acto de adoración. Las formas, los colores, las fragancias y los sonidos de los diferentes objetos presentes en el ritual de adoración sacian los sentidos del oficiante, con lo cual concentran la mente en el objeto de culto y convergen para evocar la devoción en todo el proceso ritual. La *puja* puede ofrecerse con un sentimiento de gratitud y reconocimiento hacia la divinidad, o con un *sankalpa* o propósito concreto para superar un obstáculo o para lograr la paz interior.

Hay una forma de adoración tradicional, muy extendida, conocida como *panchopachara puja*, la adoración que se hace con cinco ofrendas que simbolizan los cinco elementos. En el transcurso del ritual, el devoto ofrece: *pushpa*, flores; *dhupa*, incienso; *dipa*, luz; *naivedya*, comida, y *gandha*, pasta de sándalo. Estas cinco ofrendas representan los cinco elementos: espacio, aire, fuego, agua y tierra, respectivamente. Hay otras *pujas* de mayor complejidad ritual, como la denominada *shodashopachara puja*, que consta de dieciséis ofrendas, y estas incluyen ropa, ornamentos y otros objetos agradables para la deidad, o *pujas* más extensas integradas por sesenta y cuatro pasos. No nos extenderemos en los detalles del mundo ritual. Los textos exponen que la mente se purifica por medio de este gesto externo de adoración de una *murti* o imagen. Más adelante, en otro momento del camino, la adoración se interioriza: la ofrenda y el objeto de adoración serán interiores y el devoto podrá expresar plenamente *aham brahmasmi*, 'yo soy Brahman'. A medida que el adepto avanza en el proceso de la meditación, el nombre y la forma se funden en la esencia sin forma: el adorador, el acto de devoción, la ofrenda y el objeto de adoración serán Uno. Tal como expresa Jñanadeva:

Con la mente llena de devoción, adoré a Dios,
y experimenté que yo mismo era Dios.
Ahora no percibo diferencia alguna entre la Divinidad
    y el devoto;
la dualidad ha desaparecido
tal como la sal se disuelve en el agua del mar.
Veo a Dios dentro de mí y manifestado en todo lo que existe;
la idea de dualidad se me hace insoportable.
La esencia suprema del *atman*
está presente en toda la creación, animada e inanimada.[1]

2 EL TEMPLO

Durante el periodo védico, la adoración y el culto externos tenían lugar a cielo abierto. Los textos antiguos hablan de plataformas en las cuales se encendían los fuegos sagrados donde se ofrecían las oblaciones. No se sabe con certeza en qué momento los indoarios empezaron a utilizar templos, que originariamente eran de barro y madera. No podemos hablar de la función del templo en el hinduismo más que a partir del momento en que se empezó a utilizar la piedra para la edificación de los lugares de culto (alrededor del siglo I a. C.).

Los lugares de singularidad geográfica (en la orilla de un río, en la cima o al pie de una montaña, en la orilla de un lago o cerca del mar) o los lugares donde se encuentra el *samadhi* o los restos de importantes *mahatmas* son los emplazamientos escogidos para la edificación de los templos. Pese a la

---

[1] P. V. BOBDE, *Garland of divine flowers. Selected devotional lyrics of saint Jñanesvara*, Motilal Banarsidass, Nueva Delhi, 1987, p. 33.

variedad de estilos, los templos suelen tener ciertas cosas en común: la cúpula, una pequeña habitación interior donde se coloca la imagen de la deidad y una sala para los devotos. Es también habitual encontrar cerca un estanque de agua cuando el templo no está junto a un río o al mar. El agua es esencial para los rituales y para las abluciones de los devotos antes de entrar y ofrecer su adoración. La torre o cúpula del templo se llama *shikhara*. Es el punto más alto del templo y representa el monte Meru (el centro del universo). La *shikhara* simboliza también el deseo del devoto de ascender a la cima de la experiencia espiritual.

La habitación interior se denomina *garbhagriha*, que literalmente significa 'habitación matriz'. Habitualmente es como un habitáculo, una cueva sin ventanas, casi sin iluminación. Bajo el brillo de las lamparillas de aceite o de *ghi,* el devoto tiene el *darshan* o la visión de la deidad. Simbólicamente, el *garbhagriha* representa el corazón del adorador, donde, por la sincera adoración, la deidad se manifiesta. Solo los sacerdotes del templo pueden entrar en este espacio. Los devotos se sientan en la sala de audiencia, denominada *nata mandira*, la 'sala para la danza del templo'. Allí recitan los nombres sagrados, leen textos, meditan u observan atentamente los rituales de los sacerdotes. Antiguamente, las *devadasis* o sirvientas de Dios, bailarinas, ofrecían su danza ritual a la deidad.

El deber de los sacerdotes del templo hindú es ofrecer diferentes tipos de adoraciones a la deidad o a las deidades del templo. La deidad representada en la *murti* o imagen consagrada se considera viva, y se la trata como tal. Se le ofrece comida, bebida, flores y perfumes, y se la viste o se la prepara para dormir. El sacerdote es consciente de que la deidad no necesita ninguna de estas cosas, pero las ofrece con devoción y respeto de parte de la persona que ha encargado el ritual.

Visitar y ofrecer culto a los templos no es ningún deber para los hindúes. A lo largo de la historia ha habido *mahatmas* que han expuesto otras formas de acercamiento y adoración a la divinidad. Tal como dice Basavanna, conocido *mahatma* shivaíta, en su poema:

> El rico, construirá templos para Shiva.
> ¿Qué puedo hacer yo, una persona pobre?
> Mis piernas son los pilares,
> mi cuerpo es el santuario,
> la cabeza, una cúpula de oro.
> Escucha, oh, Señor de los ríos que confluyen (Shiva):
> las cosas que están quietas caerán,
> pero lo que se mueve durará para siempre.[2]

3 LA PEREGRINACIÓN

La peregrinación a los lugares sagrados o *tirtha yatra* es una forma ritual milenaria en la tradición hindú. La literatura sobre el peregrinaje es muy variada, y textos como el Mahabharata y los Puranas hacen constantes referencias a él.

El significado de la palabra *tirtha* es 'aquello que ayuda a cruzar el océano de la existencia transmigratoria'. Hay miles de *tirthas* o lugares sagrados reconocidos en la India, y se considera que los adeptos que los visitan con la actitud adecuada obtienen grandes beneficios. La institución del *tirtha*

---

[2] *Speaking of Siva*, traducción e introducción de A. K. Ramanujan, Penguin, Nueva York, 1979, p. 88.

yatra está al alcance de todo el mundo, sin distinciones de casta ni de estadio en la vida o *ashrama*.

Más allá del elogio del *tirtha yatra*, la visita a los lugares sagrados, la tradición hace especial hincapié en la importancia de una conducta ética impecable, sin la cual la peregrinación sería fútil. Superar la dureza y las dificultades del camino para visitar los lugares sagrados o dejar atrás obligaciones cotidianas y comodidades ponen a prueba la fe del peregrino en el poder de estos lugares y el mérito de visitarlos. No es menos cierto que la facilidad de los medios de transporte y de comunicación actuales introduce nuevos elementos en las antiguas nociones de peregrinación. Sea como fuere, millones de hindúes visitan anualmente miles de templos, nuevos y antiguos, confluencias sagradas de ríos, cuevas o montañas alejadas donde, según la narración de los Puranas, dioses, *rishis* y *mahatmas*, residieron y dejaron su bendición para la posteridad. Algunos de los lugares de peregrinación más importantes de la India actual son:

- Los *Moksha Puris*, las siete ciudades sagradas que aportan liberación: Ayodhya (lugar de nacimiento de Rama); Mathura (lugar de nacimiento de Krishna); Haridvar (el pórtico al Himalaya); Varanasi (la ciudad de Shiva); Kanchipuram (ciudad notoria por sus innumerables templos); Ujjain (la antigua ciudad de Avantika, célebre centro de erudición), y Dvarka (ciudad donde reinó Krishna).
- *Char Dham*, las cuatro ciudades sagradas en los cuatro extremos de la India, que los hindúes procuran visitar al menos una vez en la vida: Badrinath en el norte, Jagannath Puri en el este, Dvarka en el oeste y Rameshvaram en el sur.

- *Char Dham del Himalaya*, cuatro de los lugares más sagrados del Himalaya: Yamunotri, el nacimiento del río Yamuna; Gangotri, el origen del río Ganges; Kedarnath, el antiguo templo de Shiva construido por los *pandavas*, y Badrinath, uno de los principales templos sagrados de la India.

La lista de lugares de peregrinación es extensa. Podríamos mencionar los doce *jyotirlingams* o los doce templos de Shiva esparcidos por la India; los *shakta pithas*, cincuenta y cuatro lugares sagrados para los adoradores de la Diosa; los ciento ocho *divya desams* o lugares sagrados para los devotos vishnuitas; los siete ríos más importantes de la península india, adorados como madres y como diosas: Ganges, Yamuna, Godavari, Saraswati, Narmada, Sindhu y Kaveri; la montaña sagrada de Kailasha, con el lago Manasarovar, en la altiplanicie del Tíbet, actualmente invadido por China; Amarnath, la cueva de Cachemira donde cada año se manifiesta un *lingam* (símbolo de Shiva) de hielo; Tirupati, Vaishno Devi, Pandharpur, Guruvayur, Madurai o Chidambaram, por nombrar solo algunos de los lugares importantes.

Para concluir, es importante recordar que tradicionalmente el peregrino, cuando emprendía el *tirtha yatra*, cortaba con sus obligaciones cotidianas, dejaba atrás toda seguridad y confort, y marchaba caminando durante semanas, meses o años, en un viaje que era tanto externo como interno. Aun hoy día miles de monjes y *sannyasis* dedican su vida a vagar o ir de un *tirtha* a otro, disfrutando de las bendiciones de la sacralidad de estos lugares.

VIII

HINDUISMO Y MUNDO MODERNO

La milenaria tradición hindú empieza el siglo XXI con mil millones de seguidores. Una de cada seis personas del mundo se confiesa hindú. El hinduismo es la tercera tradición religiosa con mayor número de practicantes, después del cristianismo y del islam.

La existencia o la «supervivencia» de una tradición espiritual depende del hecho de que la cosmovisión que comporta pueda ser vivida plenamente y sin impedimentos. La capacidad del hinduismo de renovarse y adaptarse a nuevas coyunturas queda probada por su antigüedad y pervivencia durante milenios. En los últimos años se habla de un gran renacimiento hindú, no tan solo en la India sino por todo el mundo: muchos templos han sido rehabilitados o construidos de nuevo, no únicamente en la India sino en lugares tan diversos como Londres, con el imponente templo de Swaminarayan, o Kauai (Hawái), con el templo de Shiva de Iraivan, entre muchos otros; las peregrinaciones a los lugares sagrados se han vuelto masivas; se han revitalizado hasta la suntuosidad muchas celebraciones del calendario hindú. Diferentes escuelas y sistemas filosóficos se han expandido por todo el mundo; numerosos *mahatmas* viajan o residen en Occidente y ofrecen sus enseñanzas del *Sanatana*

Dharma, y aumentan las traducciones de textos y escrituras en las lenguas más diversas.

Pero a pesar de todo este crecimiento, el gran reto que ha de afrontar el hinduismo es el de las grandes tradiciones religiosas: su pervivencia en un mundo desacralizado en el que se priorizan los valores materiales sobre los espirituales, en el que los sistemas de transmisión del conocimiento que podríamos llamar tradicionales son sustituidos por sistemas de comunicación de masas, con la pérdida consiguiente de identidad. El gran peligro de la nueva ideología global que se impone alrededor del planeta (alejada de la sacralidad de la vida) es que se presenta como neutra, tolerante, abierta, científica, humanista, como si no quisiera influir en el sentimiento profundo y espiritual de las personas, pero es, de hecho, todo lo contrario y destruye este sentimiento.

Los pilares de la tradición hindú son valores tales como el contentamiento, la austeridad, la veracidad, la fortaleza, el discernimiento, el no dañar, la entrega, la devoción y la nobleza; palabras que casi ya no pertenecen al mundo actual de los medios de comunicación de masas, donde se normalizan la codicia y el hedonismo. En estas nuevas condiciones se abre un abismo artificial entre las diferentes generaciones humanas, con la consecuencia de que el hilo de la transmisión natural entre padre e hijos (necesario para que una cosmovisión espiritual pueda continuar viva) a menudo se rompe para siempre.

EPÍLOGO

El hinduismo mantiene el fuego de la contemplación metafísica y de la verdad upanishádica como una experiencia viva. El gran soporte de la tradición hindú a lo largo de los milenios han sido siempre los *mahatmas*, los sabios y los maestros que han transmitido la luz de la revelación védica expresándola según las condiciones y el lenguaje de cada momento. El adepto hindú sacraliza su vida por medio del apoyo que la tradición le ofrece, ya sean los diversos rituales, los mantras, el estudio de los textos sagrados, la práctica del yoga en sus diversos aspectos, la devoción por la divinidad, la meditación profunda y, especialmente, el reconocimiento de la realidad del *atman* en todo lo que existe. En un universo donde todo es cambio, el *dharma* permanece eternamente.

Recordemos las palabras de despedida del gurú dirigidas a sus jóvenes estudiantes, que después de doce años estudiando los Vedas y el *dharma* regresaban a casa:

> Di la verdad; practica la virtud; no seas negligente en el estudio de los textos sagrados; no descuides la veracidad; no descuides el *dharma*. No descuides tu propio bienestar; no descuides la prosperidad; no descuides el estudio ni la enseñanza; no des-

cuides los deberes hacia los dioses y los antepasados. Considera que tu madre es dios; considera que tu padre es dios; considera que tu maestro es dios; considera que el huésped es dios. Estas son nuestras costumbres dignas, y las honramos.[1]

---

[1] Taittiriya-upanishad, I,9.

CRONOLOGÍA

Esta cronología expone la existencia de una civilización de los valles del Indo y el Saraswati donde se originaron la metafísica y la espiritualidad de los Vedas, sin discontinuidad con el hinduismo actual. Hay distintas polémicas históricas e interpretativas sobre ello, polémicas que forman parte del debate sobre el significado del hinduismo y en atención a las cuales hacemos constar varias observaciones.

4000-2000 a.C. Periodo del Rig-veda, según las fechas de datación astronómica contenidas en el propio texto.
Observaciones: otras líneas interpretativas sitúan entre 3000-2000 a.C. un periodo prevédico (cultura dravídica).

4000-2000 a.C. Civilización del Indo-Saraswati. Composición del texto del Purana original.
Observaciones: otras corrientes interpretativas sitúan entre 3500-1700 a.C. una invasión de las tribus nómadas indoarias que iniciaron la penetración por el nordeste de la India, de manera que la cultura índica actual sería el resultado del enfrentamiento y la simbiosis de la cultura sedentaria prearia (dravídica) con la cultura de los arios. Según esta línea de estudio, la datación del Rig-veda se sitúa entre 1300-1900 a.C.

3102 a.C.	Fecha tradicional del comienzo de Kali Yuga.
3000-1500 a.C.	Continuidad y plenitud de la civilización alrededor del valle del río Indo.
1900 a.C.	Desecación del río Saraswati, hogar de la civilización del Indo-Saraswati.
1500-500 a.C.	Composición de las Upanishads mayores. Origen del Samkhya y del Purvamimamsa.
800-700 a.C.	Orígenes del jainismo.
800-600 a.C.	Fecha de la Shvetashvatara-upanishad y de la Katha-upanishad, que ya definen el proceso del yoga.
600-500 a.C.	Orígenes del budismo.
500-400 a.C.	Composición de la versión existente de la Bhagavad-gita.
500 a.C.-500 d.C.	Composición de los Dharma Sutras, Vedangas, Smritis, Mahabharata y Ramayana, los primeros Puranas y las bases de los sistemas ortodoxos o *darshanas*.
300 a.C.-200 d.C.	Composición de la versión existente del Manu Smriti.
100 aC-200 d.C.	Composición de los Yoga-sutras de Patañjali y de los Vedanta-sutras de Badarayana.
100 aC-500 d.C.	Expansión del hinduismo al Sudeste Asiático.
250-325	Composición de las Samkhya-karikas de Ishvarakrishna.
330-550	Construcción de los primeros templos hindúes.
400	El tantrismo adquiere gran relevancia.
500-1000	Expansión de la *bhakti* al sur de la India por medio de los Alvars (*mahatmas* vishnuitas) y de los Nayanars (*mahatmas* shivaítas).
500	El *shaktismo*, el culto a la Diosa, se expande.
700	Florece el shivaísmo en Cachemira.
700-800	Vida de Shankaracharya, el expositor del Advaita Vedanta.

800-900	Composición del Bhagavata-purana en su forma actual.
900-1100	Composición del Shiva-purana, el Yoga-vasishtha y los Bhakti-sutras.
960-1020	Vida de Abhinavagupta, ilustre exponente del shivaísmo en Cachemira.
1017-1137	Vida de Ramanuja, fundador de la escuela del Vishistadvaita.
1100	El budismo se extingue en la India.
1197-1276	Vida de Madhavacharya, fundador de la escuela del Dvaita Vedanta.
1275-1296	Vida de Jñanadeva.
1336-1565	Reino de Vijayanagara, el último imperio hindú que se extendió hasta Malasia, Indonesia y las Filipinas.
1400-1470	Vida de Ramananda, expositor del *bhakti marga* en el norte de la India.
1469-1539	Nacimiento de Guru Nanak, fundador del sikhismo.
1485-1533	Vida de Chaitanya Mahaprabhu, fundador del vishnuismo *gaudiya*.
1498-1547	Vida de Mirabai, devota de Krishna, conocida por sus poemas.
1511-1637	Vida de Tulsidas.
1560-1812	Periodo de vigencia de la Inquisición en el estado de Goa.
1600	Inglaterra y Francia establecen sus colonias en la India. Se crea la British East India Company.
1608-1649	Vida de Tukaram.
1824-1883	Vida de Swami Dayananda Saraswati, fundador del Arya Samaj.
1836-1886	Vida de Ramakrishna Paramahamsa.
1861-1941	Vida de Rabindranath Tagore, poeta bengalí y premio Nobel de Literatura.

1863-1902 Vida de Swami Vivekananda, que propagó el Vedanta en Occidente.
1869-1948 Vida de Mahatma Gandhi.
1869 1982 Vida de Anandamayi Ma.
1872-1950 Vida de Aurobindo Ghose.
1879-1950 Vida de Ramana Maharsi, reconocido expositor del Advaita Vedanta.
1884-1963 Vida de Papa Ramdas, que enfatizó el camino de la repetición del nombre de Rama.
1887-1963 Vida de Swami Sivananda Saraswati, fundador de la Divine Life Society.
1888-1989 Vida de T. Krishnamacharya, reconocido maestro de Hatha Yoga.
1894-1994 Vida de Chandrasekharendra Saraswati Swamigal, Shankaracharya de Kanchi Mutt y uno de los *mahatmas* más relevantes del hinduismo contemporáneo.
1896-1977 Vida de Swami Bhaktivedanta Prabhupada, fundador de ISKCON.
1897-1981 Vida de Nisargadattha Maharaj, *mahatma* que expuso la doctrina *advaita*.
1908-1982 Vida de Swami Muktananda, yogui y expositor del shivaísmo de Cachemira.
1918-2008 Vida de Maharishi Mahesh Yogi, fundador del movimiento MT (Meditación Trascendental).
1916-1993 Vida de Swami Chinmayananda, maestro de Vedanta y cofundador del Vishva Hindu Parishad.
1926-2011 Vida de Sathya Sai Baba, conocido maestro que creó una inmensa red de instituciones benéficas.
1947 Independencia y partición de la India.
1953 Nacimiento de la conocida *mahatma* contemporánea Mata Amritanandamayi, que ha viajado varias veces a España.

CELEBRACIONES

El calendario hindú está lleno de celebraciones y festividades, ocasiones en las cuales se celebra el ciclo sagrado de la vida. La mayor parte de las festividades se celebran según el calendario lunar, lo que las convierte en fiestas móviles en el calendario gregoriano. Algunas de las celebraciones más importantes son:

Makar Sankranti (*magha*, enero-febrero): con motivo de la entrada del Sol en el signo de *makara* o Capricornio, se celebra el curso del Sol hacia el Norte y el final del invierno. En el sur de la India se denomina *Pongal* y es una de las festividades más importantes del año.

Mahashivaratri (*phalguna*, febrero-marzo): es la gran noche de Shiva, el decimocuarto día de la luna decreciente. Es una noche de adoración a Shiva, ocasión de austeridad. Los devotos hindúes hacen el voto de no dormir y no comer durante toda la noche.

Holi (*phalguna*, febrero-marzo): se celebra en la luna llena de Acuario. Es el día en que Vishnu salvó al joven Prahlad, en que el infante Krishna mató a Putana y en que Shiva redujo a Kama a cenizas. Suelen hacerse hogueras y los participantes se tiran polvos de colores los unos a los otros. Holi es muy popular entre los devotos de Krishna en el norte de la India.

Rama Navami (*chaitra*, marzo-abril): día del nacimiento de Rama, séptimo *avatara* de Vishnu, nacido el noveno día de la luna creciente del mes de *chaitra*.

Hanuman Jayanti (*chaitra*, marzo-abril): día del nacimiento de Hanuman, célebre por su fortaleza, su conocimiento y su entrega y devoción a Rama.

Ganga Dussehra (*jyestha*, mayo-junio): Se conmemora el nacimiento o descenso del río Ganges a la tierra. El río Ganges se adora como una madre y como una diosa, en particular en el norte de la India.

Guru purnima o Vyasa purnima (*ashadha*, junio-julio): la luna llena del gurú. Se invoca y se recuerda el principio del gurú (que destruye la oscuridad de la ignorancia y aporta conocimiento). En este día se recuerda especialmente a Vyasa, el gran recopilador de los Vedas, el Mahabharata y los Puranas.

Raksha Bandhan (*shravana*, julio-agosto): El día de la luna llena de Cáncer, las hermanas atan un *rakhi* (pulsera de hilo de algodón) a la muñeca de sus hermanos, que a cambio ofrecen regalos y prometen protección a sus hermanas. Hoy en día el *rakhi* se ofrece a todos los que se consideran «hermanos adoptivos».

Krishna Janmashtami (*shravana*, julio-agosto): es el día del nacimiento de Krishna, octavo *avatara* de Vishnu. La celebración comienza la medianoche anterior, hora del nacimiento de Krishna en Mathura hace más de cinco mil años.

Ganesha Chaturti (*bhadra*, agosto-septiembre): coincide con el cuarto día de la luna creciente. Es el día del nacimiento de Ganesha, deidad de la sabiduría invocada también para apartar los obstáculos. Los devotos ofrecen culto a sus imágenes y las decoran de forma especial.

Navaratri (*ashvina*, septiembre-octubre): 'las nueve (*nava*) noches' en que se tributa culto a la Diosa. Tiene su inicio el primer día de la luna creciente; los primeros tres días están dedicados a la adoración de la diosa Durga, destructora de las fuerzas negativas; los tres días siguientes se venera a la diosa Lakshmi, portadora de la prosperidad; y los tres días restantes el objeto de adoración es Saraswati, diosa del conocimiento. El último día se adora a Durga de manera especial para celebrar que vence las fuerzas de la oscuridad. Se instalan grandes imágenes de esta diosa en plazas y parques. Esta es una de las fiestas más llenas de color y vida del calendario hindú. Navaratri celebra también a la diosa inherente que habita en cada mujer.

Dussehra o *Vijaya Dasami* (*ashvina*, septiembre-octubre): es el día después de Navaratri. Se celebra la victoria de Rama sobre Ravana. *Vijaya* significa 'victoria', y *dasami*, 'diez'. En muchos lugares se queman inmensas imágenes de Ravana. Simbólicamente y como es común en muchas de las festividades del calendario, se celebra la victoria de la luz y la virtud contra la oscuridad y la vileza.

Divali o *Dipavali* (*ashvina-kartikka*, octubre-noviembre): Festival de las Luces, la celebración más relevante del año hindú. Dura cinco días: el tercero (luna llena) es el más importante, es el día en que Rama volvió a Ayodhya tras catorce años de exilio. Se invoca a Lakshmi, diosa de la prosperidad y la abundancia. Las casas y los templos se adornan con miles de pequeñas lamparillas de aceite.

GLOSARIO

adhikharin merecedor, persona cualificada. Aspirante espiritual cualificado.

advaita no dualidad, 'no dos' (*a*, 'no', y *dvaita*, 'dual'). El Advaita Vedanta es el sistema metafísico que expone la no dualidad entre el ser individual, *jiva*, y el Absoluto, Brahman.

Agama aquello que ha llegado por la tradición. Escrituras que son la base doctrinal del tantra.

ahimsa no dañar, no violencia. El primero y más importante de los *yamas* o abstenciones del Raja Yoga de Patañjali.

ananda gozo, dicha, felicidad. Uno de los atributos esenciales de Brahman, el Absoluto.

asat que no es, inexistente, irreal, falso.

ashrama estadio de la vida, lugar de descanso, ermita. Según el hinduismo hay cuatro estadios en la vida del ser humano. Son: el de estudiante (*brahmacharya*), el de persona casada (*grihastha*), el de vivir retirado en el bosque (*vanaprastha*) y el de renunciante (*sannyasa*). Un *ashrama* es también un lugar donde habitan un gurú y los aspirantes espirituales que siguen su enseñanza.

asura demonio, ser sobrenatural enemigo de los *devas*, dioses.

atman el ser interior. Según el Advaita Vedanta, la realidad que es el sustrato del individuo y que es uno con el Absoluto, Brahman.

avatara descenso de la divinidad. Según la tradición vishnuita hay diez avatares principales de Vishnu.

avidya ignorancia, confundir lo temporal con lo eterno, el no reconocimiento de la realidad absoluta que ya somos.

bhakti amor, devoción. El camino devocional que lleva a la unión con la divinidad.

Brahma principio creador del universo. En el hinduismo, la Realidad Absoluta, una vez manifestada, tiene tres aspectos denominados *trimurti*: Brahma, el creador; Vishnu, el mantenedor, y Shiva, el destructor.

Brahman la realidad última, el absoluto, principio supremo más allá de cualquier atributo.

brahmana sacerdote. Una de las cuatro castas, a la cual le corresponde el estudio y la perpetuación de los Vedas (véase *varna*).

chakra rueda, círculo. Plexo. Centro energético del cuerpo sutil.

deva brillante, del verbo *brillar*. Dios, deidad.

dharma virtud, mérito. Literalmente significa 'aquello que mantiene unido'. Base del orden social y ético.

dhyana meditación; concentración total.

diksha iniciación. Consagración concedida por el gurú. En algunos sistemas se denomina *shaktipata* o el descenso de la gracia.

guna cualidad, atributo, característica. Cualidad básica de la *prakriti* (naturaleza primordial). Los tres *gunas* son: *sattva* (pureza y armonía), *rajas* (actividad y pasión) y *tamas* (inercia e ignorancia).

gurú maestro, preceptor. Aquel que aparta la oscuridad de la ignorancia de la propia divinidad. Aquel que inicia a sus discípulos en el camino espiritual, guiándolos hacia la liberación.

ishvara el Señor, Dios. El Absoluto manifestado con forma (*saguna Brahman*).

jiva el ser individual, entidad viviente. Alma individual (*jivatman*).

jñana conocimiento, sabiduría. Según el Advaita Vedanta, el único medio para lograr la liberación, ya que es el único opuesto a la ignorancia.

kali yuga véase *yuga*.
karma acción (física, mental y verbal). Acción ritual. Acumulación de acciones pasadas.
Krishna negro, de color oscuro. 'El que atrae irresistiblemente.' *Avatara* o descenso de Vishnu. Encontramos su vida en el Bhagavata-purana y el Mahabharata, y su enseñanza en la Bhagavad-gita.
kshatriya guerrero. Miembro de la casta o *varna* de los guerreros.
kundalini literalmente, 'la que está enroscada'. Energía primordial. Energía cósmica dormida en el *muladhara chakra* del ser humano.

linga literalmente 'marca, signo, característica'. Objeto de adoración de forma oval que representa la naturaleza infinita y trascendente de Shiva. El Shiva-purana y el Linga-purana describen el origen del *shivalinga* como una inmensa columna de fuego sin principio ni fin, causa y soporte de todo lo que existe.

mahatma gran ser, gran alma. Título de respeto y honor otorgado a las personas avanzadas en el camino espiritual.
manana reflexión, consideración. En el Advaita Vedanta, la reflexión es necesaria para obtener una convicción intelectual de la verdad.
manas mente. Uno de los aspectos del órgano interno o *antahkarana*, que consta de cuatro partes: el intelecto, la mente, el ego y la memoria.
mantra palabra o frase sagrada de poder espiritual. Himno védico.
marga camino, medio. Método.
moksha liberación. La meta final de la vida humana.

natha 'señor, protector, refugio'. Antiguo linaje de ascetas y yoguis conocidos por sus poderes sobrenaturales. Se originó con Matsyendranath, uno de los *navanaths* o nueve grandes maestros de esta tradición.

prakriti naturaleza primordial. Según el Samkhya es la fuente de la creación y está constituida por los tres *gunas*: *satva*, *rajas* y *tamas*.
prana energía vital, aire vital. El aliento de la vida.

purana vetusto, antiguo. Primordial. Corpus de textos sagrados que tratan de la historia, la mitología y los himnos de las deidades, entre otras cosas.
purusha alma individual. Divinidad que reside en el interior. Ser cósmico.

Rama 'el que deleita'. Avatara o encarnación de Vishnu. Su vida se narra en el Ramayana. Encarnación del *dharma*.
rishi (en femenino, *rishika*) vidente. Antiguos sabios que percibieron y transmitieron los himnos védicos.
rita la verdad, el orden. El eterno orden cósmico.

Samkhya uno de los sistemas ortodoxos o *darshanas*. Escuela dualista que considera que hay dos realidades eternas: *purusha* (la conciencia) y *prakriti* (la materia primordial).
sampradaya tradición, linaje espiritual.
samskara impresión latente o residual. Predisposición. Ritual de purificación. Rito de paso.
Sanatana Dharma el orden cósmico eterno. Nombre tradicional del hinduismo.
sannyasa renuncia, estadio monástico. El cuarto y último estadio de la vida en que la persona renuncia a sus posesiones y se dedica a la contemplación del *atman*.
sat existencia, realidad. El Advaita Vedanta describe Brahman, el Absoluto, como *sat, chit, ananda*: existencia, conciencia y dicha absolutas.
satya verdad, verdadero. *Satya yuga*, una de las cuatro eras en el ciclo temporal hindú (véase *yuga*).
shakti poder, potencia. Energía divina que proyecta, mantiene y disuelve el universo. La Madre Divina. Poder latente de Shiva.
shastra escritura, tratado. Los textos sagrados del hinduismo, que se pueden dividir en *shruti* y *smriti*.
Shiva propicio, favorable. Benéfico, de buen augurio. La realidad absoluta. Una de las deidades más importantes del hinduismo.
shravana acción de escuchar. Enseñanza oral. Audición de los textos sagrados. En el Advaita Vedanta el aspirante ha de escuchar

los textos de un gurú cualificado como primer paso del estudio formal.

shruti aquello que es escuchado, escritura revelada. Los Vedas.

shudra una de las cuatro *varnas* o divisiones del sistema de castas; su función es la artesanía, el trabajo y el servicio.

smriti memoria, recuerdo. Cuerpo textual que está compuesto por los Itihasas, Puranas, Dharmashastras y Vedangas.

svadhyaya estudio de los textos sagrados. Estudio de uno mismo.

swami señor, preceptor espiritual. Título que reciben los monjes hindúes que han dedicado su vida a la búsqueda de la Realidad (*atman*).

tamas oscuridad, inercia. Una de las tres cualidades de la *prakriti* (véase *guna*).

tapas austeridad, disciplina. Calor interno.

upanishad 'sentarse cerca'. La parte final de los Vedas que trata del conocimiento del *atman*.

upasana meditación, adoración. Disciplina espiritual.

vak palabra, palabra divina. Diosa de la palabra.

vaishya miembro del *varna* o casta que se ocupa del comercio (véase *ashrama*).

varna casta. Sílaba articulada, letra. El sistema social hindú consta de cuatro *varnas*: los *brahmanes*, que desarrollan la parte espiritual o religiosa; los *kshatriyas*, que son los guerreros y gobernantes; los *vaishyas*, comerciantes y agricultores, y los *shudras*, que son los sirvientes y trabajadores.

Veda conocimiento, sabiduría. Escritura revelada, *shruti*. Los cuatro Vedas son el Rig-veda, el Yayur-veda, el Sama-veda y el Atharva-veda.

vedanga ciencia védica. Miembro de los Vedas.

vedanta el fin del conocimiento. La parte final de los Vedas.

vidya conocimiento, meditación.

Vishnu el Señor Supremo. Quien todo lo penetra. Uno de los dioses de la trinidad hindú, junto con Brahma y Shiva. Tiene la función de mantener el orden cósmico. Un nombre de la Suprema Realidad.

yajña ceremonia o ritual de fuego.
yaksha ser semidivino, gnomo, espíritu de un árbol.
yuga era, edad o ciclo. Según la cosmogonía hindú hay cuatro eras: *satya yuga* (1.728.000 años), *treta yuga* (1.296.000 años), *dvapara yuga* (864.000 años) y *kali yuga* (432.000 años). La edad de oro, de plata, de bronce y de hierro, respectivamente. Juntas constituyen un *mahayuga*, un gran ciclo de 4.320.000 años humanos.

BIBLIOGRAFÍA COMENTADA

Albrech, Ada (traductora), *Srimad Bhagavatam. Vyasa*, Hastinapura, Buenos Aires, 2005. Traducción al español de la versión editada de Kamala Subramaniam.

Bühler, Georg, *The laws of Manu*, Motilal Banarsidass, Nueva Delhi, 1982. Traducción inglesa de las Leyes de Manu, texto clave para entender la cosmovisión de la sociedad tradicional hindú.

Enterría, Álvaro, *La India desde dentro. Una guía cultural para el viajero*, J. J. de Olañeta, Palma de Mallorca, 2006. Una excelente introducción al hinduismo escrita «desde dentro» por un autor que ha vivido la mayor parte de su vida en la India.

Feuerstein, Georg, *La tradición del yoga. Historia, literatura, filosofía y práctica*, Herder, Barcelona, 2013. Uno de los libros más completos sobre la tradición del yoga y el hinduismo, escrito por una de las autoridades occidentales más respetadas.

Frías, Roberto (traductor), *Ramaiana. Valmiki*, Atalanta, Vilaür, 2010. Traducción de una interesante versión del Ramayana editada por Arshia Sattar.

Gallud Gardiel, Enrique, *Diccionario del hinduismo*, Aldebarán, Madrid, 1999. Una buena fuente referencial sobre los aspectos más importantes del hinduismo.

Ilárraz, Félix, y Òscar Pujol, *La sabiduría del bosque. Antología de las principales upanisads*, Trotta, Madrid, 2002. Traducción de las diez Upanishads más antiguas e importantes, con anotaciones aclaratorias.

Ishvarakrishna, *Les estrofes del Samkhya*, edición y traducción de Laia Villegas, Fragmenta, Barcelona, 2007. Traducción directa al catalán de las Samkhya-karikas, la obra fundacional del Samkhya, con comentarios aclaratorios.

Krsnananda, Swami, *El yoga como ciencia universal*, Biblioteca Nueva, Madrid, 2008. Estudio profundo del Raja Yoga de Patañjali, escrito por quien presidió entre 1961 y 2001 la Divine Life Society.

Mahadevan, T. M. P., *Invitación a la filosofía de la India*, Fondo de Cultura Económica, México, 1998. Uno de los mejores libros en lengua castellana sobre las fuentes textuales del hinduismo, en especial los *darshanas* (las seis escuelas o visiones ortodoxas).

Mascaró, Joan (traductor), *Bhagavad Gita*, Debate, Madrid, 1999. Traducción de la reconocida versión inglesa, de gran belleza poética, que Mascaró hizo de la Bhagavad-gita el año 1962.

Merlo, Vicente, *La auto-luminosidad del Atman. Aproximación al pensamiento hindú clásico*, Biblioteca Nueva, Madrid, 2001. Estudio de las fuentes del hinduismo: las escrituras, las escuelas de pensamiento, las nociones clave.

Offroy Arranz, José Antonio, *El yoga de Patañjali: los Yoga Sutras con el comentario Yoga Bhasya de Vyasa*, Librería Argentina, Madrid, 2012. Traducción de los Yoga-sutras de Patañjali que incluye el relevante comentario de Vyasa, tradicionalmente considerado fundamental para la correcta interpretación del texto.

Padoux, André, *El Tantra. La tradición hindú*, Kairós, Barcelona, 2010. Breve exposición del tantra por uno de los expertos occidentales más relevantes.

Panikkar, Raimon, *Iniciación a los Veda*, Fragmenta, Barcelona, 2011. Breve introducción a los himnos védicos.

—*Espiritualidad hindú. Sanatana Dharma*, Kairós, Barcelona, 2005. Estudio de la tradición hindú, los orígenes, los caminos y la sociedad.

—*The vedic experience. Mantramanjari. An anthology of the Vedas for the modern man and contemporany celebration*, Motilal Banarsidass, Nueva Delhi, 2001 (edición catalana: *L'experiència vèdica*, Fragmenta, Barcelona, 2013). Reconocida antología de los himnos védicos. Un libro para sumergirse en la metafísica de los Vedas con comentarios aclaratorios.

PARDILLA, Julio (traductor) *El Mahabharata. El mayor poema épico de la India*, Edicomunicación, Barcelona, 1997. Traducción al español de la excelente versión editada de Kamala Subramaniam.

PUJOL, Òscar, *Diccionari sànscrit-català*, Enciclopèdia Catalana, Barcelona, 2005. Útil e indispensable para quien quiera conocer en profundidad la riqueza de los términos sánscritos.

RUIZ CALDERÓN, Javier, *Breve historia del hinduismo. De los vedas al siglo XXI*, Biblioteca Nueva, Madrid, 2008. Breve historia de la filosofía hindú desde los orígenes hasta la actualidad.

SATYANANDA SARASWATI, Swami (ed.), *Mística medieval hindú*, Trotta, Madrid, 2003. Artículos sobre algunos de los *mahatmas* de la India medieval, como Abhinavagupta, Jñanadeva, Vidyaranya, Manickavasagar.

SIVANANDA, Swami, *Shrimad Bhagavad Guita. Diálogos con lo eterno*, Librería Argentina, Madrid, 1999. Traducción de la Bhagavad-gita con extensos comentarios de Swami Sivananda basados en el Advaita Vedanta.

ZIMMER, Heinrich, *Mitos y símbolos de la India*, Siruela, Madrid, 1995. Libro rico en su contenido que lleva al lector al corazón del hinduismo puránico, guiado de la mano de uno de los indólogos y mitólogos occidentales más reconocidos del siglo pasado.